100 ROMANS QUÉBÉCOIS
QU'IL FAUT LIRE

NB
Poche

JACQUES MARTINEAU

100 ROMANS QUÉBÉCOIS
QU'IL FAUT LIRE

Éditions Nota bene

Les Éditions Nota bene remercient le Conseil des Arts du Canada,
la SODEC et le ministère du Patrimoine du Canada
pour leur soutien financier.

Correction des épreuves : Isabelle Bouchard
Copiste : Aude Tousignant
Composition et infographie : Isabelle Tousignant
Conception graphique : Anne-Marie Guérineau

Distribution : SOCADIS

ISBN : 2-89518-193-4

Éditions Nota bene
1230, boul. René-Lévesque Ouest
Québec (Qc), G1S 1W2
site : http://www.notabene.ca

AVANT-PROPOS

Le moment était venu de mettre à jour ce guide édité pour la première fois en 1994. Évidemment, des œuvres ont été écartées et d'autres les ont remplacées. Certaines qui avaient été injustement négligées dans la première édition apparaissent maintenant (*Né à Québec, Neuf jours de haine, Élise Velder, Agonie*). Parmi les autres œuvres qui ont été retenues, plusieurs sont dues à des auteurs qui se sont dégagés du peloton des romanciers pendant la dernière décennie (Pierre Samson, Élise Turcotte, Michael Delisle, Suzanne Lamy, Rachel Leclerc, Gaétan Soucy, Pierre Gobeil). Enfin, il paraissait aller de soi maintenant qu'une place devait être réservée aux romanciers de langue anglaise dont les œuvres circulent en traduction française (Mordecai Richler, Jeffrey Moore, Trevor Ferguson, Neil Bissoondath). Cette mise à jour a touché pas moins du quart des titres. Au résultat, il est certain que le choix des œuvres de la présente édition donne une image plus juste du paysage romanesque québécois.

Étudiants, professeurs ou simples amateurs de romans québécois auront donc à leur disposition un guide renouvelé pour les aider à se retrouver dans un corpus déjà considérable et en continuelle expansion.

Le but visé par un guide tel que celui-ci est de fournir au lecteur les moyens de choisir. Il convenait donc d'éviter les commentaires trop impressionnistes qui n'apportent guère de renseignements ; pas question non plus de multiplier les jugements et d'imposer au lecteur une opinion sur les œuvres. On a cherché plutôt à caractériser chaque roman, à tracer les contours de sa personnalité (histoire, style, climat, etc.), sans oublier les indispensables coordonnées bibliographiques.

Proposer un parcours du roman québécois en 100 titres est évidemment un défi. Certains lecteurs déploreront l'absence de tel titre qu'ils jugent essentiel ; inversement, il s'en trouvera pour critiquer la présence de tel autre qui n'aurait pas mérité, selon eux, de figurer dans un tel guide. Cela est inévitable. L'auteur assume entièrement ses choix. Mais on devra reconnaître que la très grande majorité des œuvres qui ont obtenu (dans un passé récent ou lointain) la faveur du public lecteur aussi bien que de la critique apparaissent ici.

La lecture étant une rencontre et les auteurs, une seconde famille pour chaque lecteur, l'auteur souhaite que ceux qui utiliseront ce guide y trouvent l'occasion et les moyens d'élargir la famille des écrivains qu'ils aiment et qu'ils ont choisi de fréquenter.

LE MODE D'EMPLOI

Les romans retenus ont été classés par thèmes (eux-mêmes classés par ordre alphabétique). Pour chaque thème, 3 titres ou plus, considérés comme particulièrement significatifs, font l'objet d'une recension. De plus, un roman développant rarement un seul thème, il est apparu intéressant de proposer chaque fois des renvois aux autres romans où le même thème est présent.

Pour chaque titre recensé, le lecteur trouvera les renseignements suivants :

- la date de la première publication ;
- l'éditeur (avec priorité à l'édition en livre de poche) ;
- le nombre de pages.

Ce guide est complété par des index :

– un index des auteurs ;

– un index des titres ;

– un index des régions (en fonction des lieux
géographiques où se situe l'action des romans) ;

– un index chronologique ;

auxquels est ajoutée une liste de dictionnaires, d'ou-
vrages et de périodiques « pour en savoir plus » sur la
littérature québécoise en général et le roman québécois
en particulier.

1. AMITIÉ

Elle est une surprise presque à l'égal de l'amour et souvent plus durable que lui. Elle sait se jouer des barrières que dressent entre les êtres la race, la religion, la culture, le sexe et même l'espèce. Grâce à elle, la solitude retraite, les projets germent et se réalisent. Dès lors, la vie est plus légère et la douleur moins redoutable. Cependant, le fond d'affinités sur lequel elle prend appui n'explique pas tout. L'amitié se referme sur un mystère : « Si l'on me pressait de dire pourquoi je l'aimais, je sens que cela ne se peut exprimer qu'en répondant : parce que c'était lui, parce que c'était moi » (Montaigne).

Jacques BRAULT
Agonie
1985, Boréal, 77 p.

Ce court roman pourrait porter en sous-titre : sur
un poème d'Ungaretti. En effet, Brault relève le défi
d'écrire une œuvre sur un poème, à l'exemple d'un
musicien comme Debussy qui composa des pièces sur
des poèmes de Baudelaire, de Villon ou de Mallarmé.
Dans les quelques vers du poète italien, Brault a vu le
destin d'un petit homme gris, professeur de philoso-
phie scolastique, raillé par ses rares élèves, qui termi-
nera sa vie dans la clochardise. Un de ses anciens élèves
nous raconte cette vie sans éclat qu'il découvre si
pareille à la sienne : « Et solitaire je fus, solitaire je reste.
Comme lui. […] Il se mourait. Moi aussi. Je mourrai
sans mourir. » Aussi n'est-il pas étonnant qu'à celui qui
lui ressemble comme un ami, comme un frère, et qui
agonise sur un banc de parc, il adresse cette berceuse :
« Dors à présent, petit homme tué de naissance, dors,
cœur éclaté, va, dors, et ne sois plus en souci. »

Michael DELISLE
Le désarroi du matelot
1998, Bibliothèque Québécoise, 133 p.

L'histoire est singulière. Et violente. Richard Daudelin a un peu bourlingué, mais ce n'était pas un très bon matelot. Quand il est rentré à Montréal, il est devenu l'homme de confiance d'un personnage louche qui lui confie de sales besognes. Un jour, il a posé une bombe sous une voiture et tué accidentellement un garçon de 14 ans. Il ne s'en est pas remis. Il a voulu changer de vie et s'est mis à fréquenter la Mission de Sister Russell. C'est cela qui l'a sauvé. Du moins le croyait-il. Pouvait-il effacer sa culpabilité à force de chants et de prières ? Renaud Harrison, de son côté, n'est pas moins dans le désarroi. Il est devenu étranger à sa famille et à son travail de détective privé. Le hasard fait qu'il est chargé de retrouver nul autre que Daudelin. Sa vie prend tout à coup un sens quand il commence à le connaître. Il croit le comprendre. Il veut lui faire du bien, il veut être son ange gardien. Graduellement, il va s'immiscer dans sa vie. Il ne se doutait pas que cette fascination pour Daudelin allait le mener à vitesse accélérée vers sa mort. Comme l'ancien matelot regrette qu'on ne l'ait pas laissé, autrefois, au sommet de son mât, « exposé au vent comme un pavillon » prêt à s'envoler « sur l'axe du monde » !

Jean-Jules RICHARD
Neuf jours de haine
1948, Bibliothèque Québécoise, 408 p.

Neuf jours dans la vie d'un groupe de soldats canadiens pendant la Seconde Guerre mondiale. Neuf jours
terribles qui ponctuent une année de combats, du
Débarquement en Normandie, en juin 1944, à l'occupation de l'Allemagne par les Alliés à l'été 1945. Ces
soldats constituent le noyau dur de la compagnie « C ».
Ils viennent de tous les milieux, de toutes les régions du
Canada et un peu du sang de tous les peuples d'Europe
coule dans leurs veines. Noiraud est celui qui est le plus
à l'avant-plan. C'est un soldat téméraire mais réfléchi,
héroïque mais sans vanité, chaleureux avec ses cama-
rades mais impitoyable et cruel dans la bataille. À sa
façon, c'est un pur. Nous suivons Noiraud et les soldats
de sa compagnie à travers le Nord de la France, la
Belgique, les Pays-Bas et l'Allemagne. Partout, ils ne
rencontrent que du feu, du fer et du sang. Le style de
Richard est à l'avenant : des phrases courtes qui cla-
quent comme des décharges d'armes automatiques,
des mots qui crépitent comme des balles, des images
qui éclatent comme des fusées éclairantes. C'est une
écriture de baroudeur qui aurait une âme de poète.

Michel Tremblay
Thérèse et Pierrette
à l'école des Saints-Anges
(Chroniques du Plateau Mont-Royal II)
1980, Actes Sud, coll. Babel, 327 p.

Elles étaient trois comme les trois mousquetaires étaient quatre. Thérèse et Pierrette ne partaient jamais à l'école sans Simone. Nous suivons le « trio » Thérèse et Pierrette pendant quatre jours du mois de juin 1942. Quatre jours importants pour les fillettes parce qu'ils sont consacrés à la préparation du reposoir de la Fête-Dieu où elles auront le privilège de figurer. Quatre jours non moins importants pour les religieuses de l'école des Saints-Anges déchirées par des conflits arrivés dans leur phase critique. En arrière-plan, dans un éclairage tamisé, et comme jouant leur partition en sourdine, apparaissent les autres personnages des *Chroniques du Plateau Mont-Royal* : Albertine, Victoire, Marcel, la grosse femme. Tous ces personnages, leurs drames et leurs joies, constituent une ample matière que Michel Tremblay traite sur un mode polyphonique et ordonne en quatre temps comme les quatre mouvements d'un concerto.

LE MÊME THÈME EST AUSSI PRÉSENT DANS :

VIGNEAULT, Guillaume, *Chercher le vent*

LECLERC, Félix, *Pieds nus dans l'aube*

TRUDEL, Sylvain, *Le souffle de l'harmattan*

GAUTHIER, Louis, *Voyage au Portugal avec un Allemand*

2. L'AUTRE

Autre couleur, autre langue, autre religion, autre nationalité : l'autre, c'est tout ce qu'on n'est pas. L'autre, c'est celui qui fait peur ou qui fascine ; celui qu'on hait et qu'on voudrait détruire ou celui auquel on voudrait ressembler. Sa rencontre est un choc. En apparaissant, il fait surgir en nous la plus troublante des questions : qui suis-je ?

Yves THÉRIAULT
Aaron
1965, Typo Roman, 184 p.

Aaron est un jeune juif montréalais que son grand-père Moishe a élevé seul dans la plus stricte orthodoxie religieuse. Moishe vivote en exerçant son métier de tailleur. C'est un docte replié sur sa science et coupé de la vie ordinaire de la majorité des gens. Il espère avoir fait de Aaron « un juif selon l'héritage ». Rien, en effet, ne peut laisser penser que son petit-fils ne suivra pas ses traces. Mais à 15 ans, Aaron fait la rencontre de Viedna. Avec elle, il éprouve pour la première fois les transes de l'amour physique. Elle est juive comme lui, mais elle appartient à une famille aux idées larges où l'on brasse des affaires sans état d'âme. Aaron découvre qu'il existe une autre sorte de juif chez qui la réussite matérielle n'est pas honnie. Il en est profondément ébranlé. Cette découverte a pour effet de l'éloigner graduellement de son grand-père. Aaron est bientôt acculé à la nécessité de faire un choix difficile : suivre les traces de Moishe et rester pauvre ou faire sa vie librement et chercher à s'enrichir. Il tranche en s'engageant chez un courtier en valeurs. Ce geste d'émancipation est ressenti comme une trahison par le grand-père qui le chasse de chez lui.

Yves THÉRIAULT
Ashini
1960, Bibliothèque Québécoise, 117 p.

Ashini est le dernier Montagnais à refuser la vie dans les réserves. Pour lui, la sédentarisation ne peut mener qu'à la déchéance. Ashini rêve de voir à nouveau les Montagnais chasser et pêcher librement comme aux temps anciens. Se sentant investi d'une mission, celle de restaurer le mode de vie ancestral, Ashini a essayé d'obtenir du gouvernement la cession de vastes territoires pour son peuple. En vain. Il fait la relation de cet échec dans un long monologue empreint de noblesse et d'orgueil, mais aussi de poésie. Ce texte rédigé en 1960 porte des revendications d'une étonnante actualité. En l'écrivant, Yves Thériault s'est peut-être souvenu que du sang montagnais coulait dans ses veines.

Robert LALONDE
Le dernier été des Indiens
1982, Seuil, coll. Points Roman, 157 p.

Les quelques semaines du bref été boréal auront suffi pour transformer un garçon au seuil de l'adolescence. Cette transformation, il la doit à ses amis indiens et surtout à l'un d'entre eux, Kanak. Ils se retrouvent régulièrement dans la forêt pour une « fête païenne, fête de muscles et d'épiderme ». Le garçon fait l'expérience d'un plaisir physique partagé, mais interdit par la religion du « clan ». Il se sent déchiré et terriblement seul. Vers qui se tourner ? Son grand-père aurait compris, lui qui, dans son temps, avait osé épouser une « sauvagesse ». Mais il vient de mourir. Tout l'été, c'est à lui que le garçon en appelle intérieurement : « Grand-père, tout me fuit, tout m'échappe. » Heureusement, la nature omniprésente est là pour lui fournir des clés ! En regardant la fourmi, il se dit que « ce qui compte, c'est fuir en avant avec le poids léger de sa survie sur sa tête et l'air dans ses poumons, comme une merveilleuse et constante surprise ». Alors si « la fourmi est si forte, si l'outarde est si habile à parcourir sa migration jusqu'ici, jusqu'à notre rivière, qui dit que je ne l'aurai pas, moi aussi, cet acharnement-là ? » Le « clan » réprouve ses « mauvaises fréquentations » et l'a promis au séminaire, mais les paroles du grand-père le réconfortent : « Suis le courant, ton courant, comme fait la rivière, au printemps, quand ses eaux sont plus fortes qu'elle et l'obligent à se perdre entre les rochers. »

Hugh McLennan
Deux solitudes
1945 ; 1963, version française,
Bibliothèque Québécoise, 768 p.

McLennan brosse un portrait de la société québécoise de l'entre-deux-guerres en insistant sur la profonde division qui existe entre francophones et anglophones. Deux hommes, le père et le fils, vont incarner
successivement, et chacun à leur manière, cette frac-
ture. Athanase Tallard, le père, est un descendant des
seigneurs français. Sa vie se partage entre ses occupa-
tions de gentilhomme campagnard et celles de député
fédéral. Tallard est un esprit libéral, sourdement anti-
clérical, qui se veut ouvert aux idées modernes et sans
préjugé de « race ». Il épouse une Irlandaise, prend
partie pour la conscription, s'associe à un homme d'affaires anglo-saxon et envoie son fils dans une école
protestante. On ne lui pardonnera pas sa « trahison » :
il meurt ruiné et rejeté de tous ses concitoyens francophones. Paul, le fils, porte en lui les deux cultures ; il ne
se sent ni tout à fait francophone ni tout à fait anglophone : « J'entends les deux races parler sans cesse en
moi », dit-il. Miné par la tension qu'engendrent en lui
ces deux voix contradictoires, il cherche un allégement
et un équilibre d'abord dans les voyages puis dans
l'écriture. Contrairement à son père qui se battait à
visage découvert, le combat de Paul est un combat
personnel et intérieur. Le titre de ce roman est devenu
le symbole du difficile dialogue entre francophones et
anglophones.

Ann CHARNEY
Dobryd
1973 ; 1993, version française, VLB éditeur, 205 p.

« Peut-être était-il écrit que je devrais reprendre et perpétuer la complainte des trahis », dit la narratrice, comme pour justifier le récit de son enfance dans la Pologne meurtrie par la Deuxième Guerre mondiale. Ayant échappé de justesse au massacre du ghetto de Dobryd, sa mère et elle se terrent dans une grange, avec d'autres juifs (dont une tante), tant que dure l'occupation allemande. Quand elles retournent à Dobryd, c'est pour y trouver des ruines et rien d'autre : le reste de la famille a été décimé. Commence alors un long voyage vers l'ouest qui, en plusieurs années, va les amener par étapes à Gdynia où elles s'embarqueront pour l'Amérique. C'est à travers les histoires racontées par sa tante que la petite fille apprend ce qu'était la vie à Dobryd avant la guerre. Elle en retire un malaise autant qu'une joie : « j'étais contrariée par cet autre monde qui revenait se moquer du mien. » En 1949, sa mère étant convaincue qu'il n'y a ni sécurité ni avenir pour les juifs en Pologne, elles s'en vont. Leur destination finale sera Montréal. Juste avant d'embarquer, la mère doit remettre sa montre au douanier. Cette montre devient le symbole d'un temps révolu qu'il faut quitter pour passer dans un autre temps, celui de l'exil. Ann Charney a écrit un récit sobre et touchant, qui fait entrer l'histoire des « trahis » dans le roman québécois.

Louis Lefebvre
Guanahani
1992, Boréal, 188 p.

Dans ses *Lettres persanes,* le philosophe Montes-
quieu avait imaginé un Turc qui démasquait avec
humour les ridicules des Parisiens du XVIIIᵉ siècle. Louis
Lefebvre utilise ici le même détour pour critiquer l'attitude des Espagnols du XVIᵉ siècle à l'égard du Nouveau
Monde. Son personnage est un Indien arawak qui s'est
porté volontaire pour suivre Christophe Colomb à son
retour en Espagne. C'est avec des « yeux neufs, tel un
enfant qui naîtrait tout formé muni de l'entendement
d'un homme mûr » qu'il observe l'Espagne et les Espagnols. Son jugement est implacable : il ne voit rien qui
puisse justifier un quelconque sentiment de supériorité.
Après vingt ans de vie en Europe, il dicte ses mémoires
à un moine auprès duquel il a trouvé refuge. Son
témoignage est un procès de la civilisation espagnole au
moment où elle envahit le continent américain. C'est
peut-être aussi un procès de notre civilisation.

Paul BUSSIÈRES
Mais qui va donc consoler Mingo ?
1992, Robert Laffont, 364 p.

Quelques tentes de peau, une chapelle, un magasin de la Baie d'Hudson : tel est le village de Taqraliq quand Paul-Eugène y débarque en 1957. L'hiver arrivé, il sera invité à se joindre au clan du chamane Mingo pour un long voyage de chasse à l'intérieur des terres. Ce seront des mois de durs apprentissages pour Yoguini (ainsi le nomment les Inuit). Peur, angoisse, lassitude le frappent tour à tour. La paisible confiance des Inuit, qu'il ne comprend pas, finit par l'irriter au point où, dans un accès de colère, il lance à ses compagnons médusés : « Je n'accepterai plus de porter seul le fardeau de l'inquiétude. Chacun devra prendre sa juste part d'angoisse. » Il n'est pourtant pas le seul à être tourmenté. Le silencieux, l'insondable Mingo, mêlé à une affaire de meurtre, vit replié sur sa tristesse. Au printemps, Yoguini revient au village, transformé par une série d'épreuves dramatiques : « C'était chaque fois comme si un morceau de lui-même était parti en le rapprochant de sa propre vérité, comme ces éclats de pierre qui sautent sous le ciseau du sculpteur et découvrent un peu plus la vivante vérité qui s'y cache. »

LE MÊME THÈME EST AUSSI PRÉSENT DANS :

OHL, Paul, *Les chaînes de Gorée, Black*

DESROSIERS, Léo-Paul, *Les engagés du Grand Portage*

HÉBERT, Anne, *Les fous de Bassan*

GRANDBOIS, Alain, *Né à Québec*

DÉSAUTELS, Michel, *Smiley*

TRUDEL, Sylvain, *Le souffle de l'harmattan*

POULIN, Jacques, *Volkswagen blues*

3. COUPLES

Les histoires de couples sont sans doute la denrée la plus prisée des lecteurs de romans et l'ingrédient le plus universellement utilisé par les romanciers. D'ailleurs, l'amour n'est-il pas, avec la guerre, le plus vieux sujet en littérature ? On nous le montre rarement heureux, rarement durable. Tout le contraire de l'amitié : « Il ne peut y avoir d'amitié sans réciprocité. [...] Ou elle est partagée ou elle ne l'est pas. En somme, il ne peut y avoir d'amitié malheureuse. Tandis que l'amour, hélas ! » (Michel Tournier, *Petites proses*).

Yves THÉRIAULT
Agaguk
1950, Typo Roman, 326 p.

Quand Agaguk et Iriook quittent leur village pour s'installer seuls dans la toundra, rien ne les distingue des autres Inuit. Leurs rapports sont ceux qui ont toujours existé entre un Inuk et sa femme : la femme doit se soumettre à l'autorité absolue de l'homme. Mais quand Agaguk est blessé grièvement par un loup, c'est Iriook qui doit assurer la survie d'Agaguk et de leur fils. À partir de ce jour, tout est changé entre eux. Et Iriook ne cessera de s'affirmer, au grand étonnement d'Agaguk. Après bien des résistances, il devra changer lui aussi. L'histoire d'Agaguk et Iriook est aussi l'occasion de découvrir la vie quotidienne des Inuit aux alentours de 1950.

Laure CONAN
[pseudonyme de Félicité ANGERS]
Angéline de Montbrun
1881, Bibliothèque Québécoise, 178 p.

Au programme de ce roman épistolaire : épanchements, douleur, mélancolie et sublimation de l'échec amoureux dans la religion. Angéline est orpheline, sensible, gracieuse et vit avec un père qu'elle aime d'une manière exclusive, loin de toute vie mondaine. Elle est courtisée par Maurice, frère de son amie Mina. Elle en tombe amoureuse, se fiance, est sur le point de se marier. Mais la mort accidentelle de son père la jette dans une profonde dépression et l'éloigne de Maurice avec qui elle rompt. Retirée dans son domaine campagnard de Gaspésie, elle souffre avec des accents très romantiques. Une ultime tentative de Maurice est repoussée : Angéline vivra et mourra cloîtrée dans ses souvenirs, à l'image de son amie Mina cloîtrée chez les Ursulines. La sensibilité des personnages de Laure Conan est aux antipodes de la nôtre, mais son roman représente une double première dans notre littérature : premier roman d'un auteur féminin et premier roman d'analyse psychologique.

Gabrielle ROY
Bonheur d'occasion
1945, Boréal, coll. Boréal compact, 413 p.

Emmanuel aime Florentine laquelle aime Jean qui
ne l'aime pas – ou ne veut pas l'aimer. Au fond, pour
Jean, Florentine représente le milieu social que son
ambition le pousse à quitter. Enceinte de Jean et aban-
donnée par lui, Florentine épouse Emmanuel pour
sauver les apparences et sortir de la misère. Son aventure avec Jean n'aura été qu'un « bonheur d'occasion ».
D'ailleurs, devant la nécessité de survivre dans un
Montréal où la crise économique a réduit tant de gens
à l'indigence, la recherche du bonheur n'apparaît-elle
pas dérisoire ? *Bonheur d'occasion* est bien plus qu'une
classique histoire d'amour déçu. C'est une fresque
sociale d'une grande richesse devant laquelle on
comprend mieux que dans n'importe quel livre
d'histoire ce qu'était la misère des quartiers ouvriers de
Montréal au début de la seconde guerre mondiale.

Jeffrey MOORE
Captif, de roses enchaîné
1999 ; 2001, version française,
Éditions de la Pleine Lune, 468 p.

Pauvre Jeremy ! comment pouvait-il s'imaginer que sa vie était là, toute tracée, dans une page arrachée à une vieille encyclopédie ? Cette page – la Page, comme il la désigne – est un cadeau que lui fit son oncle Gérard à l'adolescence. Il adorait cet oncle excentrique et mystérieux. La Page ne pouvait donc être qu'une carte au trésor. « Il suffisait de savoir en lire comme il faut les clés. » La Page contenait l'article sur Shakespeare. Alors Jeremy devint professeur d'université spécialiste de Shakespeare. Elle contenait aussi une partie de l'article sur Shakuntala, héroïne d'un célèbre drame érotique de l'Inde. Aussi, quand il rencontre Milena, qui a les traits d'une Indienne, se croit-il destiné à devenir amoureux d'elle. Peu de temps avant de disparaître, l'oncle dira à Jeremy que le vrai sens de la carte était de lui donner « une explication pour toutes les choses dans la vie qui n'ont pas de sens ». Et il ajoute : « Je voulais simplement t'orienter dans la bonne direction, mon gars, te donner une petite poussée, mêlée à un peu de magie. » Non, la Page ne contenait pas les clés de la vie de Jeremy. Avec son franc parler, Gérard lui fait voir les bénéfices qu'il a tirés de cette Page : « regarde ce que tu as fait de tes loisirs, au lieu de regarder la télévision, comme un taré. […] à cause de moi, tu as lu chaque mot qu'a écrit Shakespeare. »

Suzanne LAMY
La convention
1997, Lanctôt Éditeur, 86 p.

Ce récit bref est une sorte de petit concerto à trois voix (la femme, l'homme, le médecin). La partition (en huit parties) est constituée par un carnet où écrit la femme, les lettres de l'homme aimé encartées dans le carnet, les notes du médecin ajoutées au carnet. Le rythme vient du jeu des caractères (romain ordinaire pour la voix de la femme, romain italique pour la voix du médecin) et des couleurs : pages blanches (pour la femme) et pages grises (pour la voix de l'homme). Le morceau a pour thème les deux réalités les plus essentielles de la vie : l'amour, la mort. Les mots, chargés de poésie, tombent comme les notes de la gamme. C'est une musique narrative où passe le cortège des souvenirs : des vacances au bord de la mer quelque part dans le midi de la France, un petit port, les rues de Montréal, les gestes de l'amour. L'homme qui se meurt d'un cancer à la gorge est soigné par le Docteur F. La femme (elle s'appelle Soria) vient le voir tous les jours à l'hôpital (étymologiquement, convention signifie « venir »), sauf au cours des derniers jours, car il a été convenu qu'elle n'assisterait pas à son agonie. En partant, la femme laisse au médecin le carnet-partition dont le titre aurait pu être « Un homme, une femme dans les éclats de la mort et de l'amour ».

Anne HÉBERT
Kamouraska
1970, Seuil, coll. Points Roman, 249 p.

Mme Rolland est une parfaite épouse. Elle ne
ménage pas les veilles au chevet de son mari mourant.
Pourtant, au tréfonds d'elle-même continue de vivre
Élisabeth d'Aulnières, épouse en premières noces
d'Antoine Tassy, seigneur de Kamouraska, et maîtresse
du docteur Nelson. Pourquoi a-t-elle choisi ce moment
pour refaire surface, pour tourmenter Mme Rolland
dans son sommeil ? Celle-ci revoit jusque dans les
moindres détails la maison d'enfance, les tantes si
attentionnées, le mariage avec le brutal Antoine Tassy,
le glacial manoir de Kamouraska ; elle revoit l'apparition du docteur Nelson, les rendez-vous nocturnes et
surtout, surtout, l'hallucinante chevauchée de son
amant de Sorel à Kamouraska, 400 milles aller-retour,
en plein hiver de 1839, pour aller tuer Antoine Tassy.
D'un fait réel tiré des annales judiciaires, Anne Hébert
a fait « une histoire de neige et de fureur » au style hale-
tant et envoûtant tout à la fois.

Claire MARTIN
Les morts
1970, Cercle du Livre de France, 152 p.

Une femme vieillissante, romancière de son état, se confie à une autre femme (journaliste ? biographe ?). Elle parle des deux hommes qu'elle a le plus aimés. Tous les deux morts. L'un à la guerre. L'autre, suicidé. On vient d'ailleurs de lui retourner la dernière lettre qu'elle avait adressée à ce dernier, avec la mention « décédé ». Elle avoue qu'elle n'a pas pleuré : « Les larmes sont un beau spectacle, il ne faut le jouer que pour les vivants. » Mais elle est contente d'avoir eu cet amour : « Il y a des humains qui n'ont rien eu, des humains qui, le couteau sur la gorge, ne pourraient rien raconter. Oui c'est un grand bien. » L'originalité du texte tient surtout à l'esprit de ces deux femmes qui partagent le même goût de la joute verbale. Elles manient en expertes la formule qui fait mouche, la phrase lapidaire et la répartie tranchante. Ces deux-là ne se font pas de cadeau et n'ont pas l'esprit de l'escalier. Le ton vif et pétillant tempère la brutalité d'un regard qui passe sans ménagement la vie aux rayons X. Ce texte sous-titré « roman » est en fait un unique dialogue, brillant de bout en bout. Un texte complètement atypique dans la production romanesque québécoise.

André Langevin
Poussière sur la ville
1953, Pierre Tisseyre, 213 p.

Il a suffi qu'un jour la femme du docteur Dubois se présente seule au restaurant pour que se mette en marche une mécanique fatale. Madeleine a enfreint une des règles non écrites qui doit régir la conduite d'une femme de médecin dans une petite ville. Alain, son mari, sera amené à en enfreindre d'autres. Alors le vide se fait autour d'eux et le couple se défait inexorablement. Madeleine s'affiche avec un amant. Le docteur Dubois se réfugie dans l'alcool. La ville minière, avec ses poussiers et son air saturé de particules d'amiante, pèse de tout son poids de tristesse sur ces deux êtres, au point qu'on se demande si ce n'est pas elle qui est responsable de leur malheur. Mais Alain et Madeleine n'étaient-ils pas, de toute façon, inaptes à l'amour vrai et à la vie de couple ?

Pierre SAMSON
Un garçon de compagnie
1997, Les Herbes Rouges, 244 p.

Le grand domaine brésilien où se passe l'action porte bien son nom : Saudade. Le mot désigne un sentiment polymorphe et paradoxal : à la fois très fort désir de revoir quelqu'un, tendre regret d'une absence, nostalgie qui peut néanmoins être agréable, mélange de douleur et de plaisir au souvenir de quelqu'un… C'est bien ce que vit Natalie Loubier, épouse délaissée. Elle n'a connu que quelques semaines d'une relation brûlante avec son mari Joaquim. Depuis, il est en constante errance sur ses immenses domaines. Sur les conseils de son confesseur, elle fait venir un jeune collégien pour lui servir de garçon de compagnie. Manuel est orphelin, pauvre et mulâtre. Beau et innocent. Ses sens s'éveillent devant les formes et la peau blanche de la jeune femme. Manuel ne sait pas à quelles fins on l'utilise : Dame Natalie veut-elle en faire son amant ou seulement susciter la jalousie du maître ? Il y a là un jeu plein de risques, mais Natalie est décidée à jouer son va-tout. Quand Joaquim revient, Manuel comprend, en étant témoin de sa relation avec l'énigmatique Gaju, ce qui l'éloigne de son épouse. Natalie ne retrouvera pas Joaquim. Et le malheur va fondre sur Saudade. La vieille Serafina l'avait bien dit à Manuel : « tu es au sein même de la tempête. Oui, tu es en son centre, petit. » Dans une écriture pleine de sensualité, Samson excelle non seulement à rendre la beauté des corps, mais aussi la variété des paysages et des atmosphères du Brésil.

LE MÊME THÈME EST AUSSI PRÉSENT DANS :

VIAU, Roger, *Au milieu, la montagne*

ARCHAMBAULT, Gilles, *À voix basse*

VIGNEAULT, Guillaume, *Chercher le vent*

BESSETTE, Arsène, *Le débutant*

MCLENNAN, Hugh, *Deux solitudes*

CHOQUETTE, Robert, *Élise Velder*

L'ÉCUYER, Eugène, *La fille du brigand*

HÉBERT, Anne, *Les fous de Bassan*

CHEN, Ying, *Les lettres chinoises*

BISSOONDATH, Neil, *Retour à Casaquemada*

4. CRÉATION

Le roman nous fait quelquefois entrer dans l'existence des artistes. Nous vivons leurs joies et leurs incertitudes, leurs réussites et leurs échecs. Nous sommes transportés au cœur du processus de la création où les émotions et les expériences sont transmutées en formes, en couleurs, en images animées. Et voilà que, de plus en plus souvent, le roman se penche volontiers sur sa genèse. Ainsi la boucle est bouclée : le roman devient son propre sujet.

Sergio KOKIS
L'art du maquillage
1997, XYZ éditeur, coll. Romanichels, 376 p.

Max Willem est un peintre faussaire. Ajouter de nouveaux tableaux à l'œuvre de peintres connus n'est d'abord pour lui qu'un amusement et un moyen de payer ses études ; mais cela devient un véritable métier quand il est recruté par un réseau de marchands de tableaux véreux opérant à l'échelle internationale. Commencée à Montréal et à New York, sa « carrière » prend toute son expansion à Anvers où il travaille avec un éminent restaurateur d'œuvres d'art, lui-même « maquilleur » de haut vol. Avec une érudition qui ne semble pas avoir de limites, Kokis nous révèle les secrets du « maquillage » et des trafics auquel il donne lieu. Nous découvrons aussi la psychologie du faussaire, celle des collectionneurs et de ceux qui les trompent. Quand Max, dégoûté, songe à s'évader de cet univers singulier, il comprend qu'il sera désormais un témoin gênant et que ses jours sont peut-être comptés. C'est avec une habileté digne du grand faussaire qu'il est devenu qu'il maquille son départ, tout en réalisant une vengeance éclatante.

Madeleine Ouellette-Michalska
La maison Trestler
ou le huitième jour d'Amérique
1984, Bibliothèque Québécoise, 316 p.

La maison Trestler fut, au début du XIXe siècle, la résidence familiale et l'entrepôt d'un riche marchand de fourrure. La narratrice, écrivaine de métier, en découvre l'existence dans un article de magazine. Sa curiosité est piquée ; elle veut en savoir plus sur ce Trestler. Elle découvre qu'il avait une fille, Catherine, avec laquelle elle se sent tout de suite des affinités. Elle racontera son histoire, en brodant bien sûr largement sur les faits connus. Elle en fait une femme passionnée et éprise de liberté qui, pour s'arracher à sa famille, n'hésite pas à affronter son père. Mais cette histoire qui s'invente sous nos yeux avec ses hésitations et ses repentirs, ses pleins et ses creux, ne cesse pas de croiser d'autres histoires : celle de la narratrice, son enfance dans le Bas-du-Fleuve, son couple, ses voyages, celle des propriétaires de la maison, celle de la visite de Monsieur B., homme politique français, celle du Québec. Le lecteur est ainsi confronté à un livre aux plans multiples, un livre d'une écriture audacieuse, très moderne, très risquée.

Gabrielle ROY
La montagne secrète
1961, Boréal, coll. Boréal compact, 186 p.

Pierre Cadorai parcourt en canot les rivières du Nord. Il fixe dans ses dessins les eaux et les arbres et, à l'occasion, les visages des rares humains (trappeurs, Indiens, etc.) rencontrés en chemin. Mais c'est dans l'Ungava que l'artiste autodidacte fait la rencontre d'un sujet à la mesure de ses aspirations : une montagne d'une beauté étrange et incomparable. Il n'aura de cesse qu'il n'en ait capté l'image sous tous les angles et tous les éclairages. Ni la faim, ni la fatigue, ni la maladie ne l'empêcheront de poursuivre son œuvre. Pierre Cadorai nous apparaît à la fois très singulier et identique à nous tous : et si nous cherchions nous aussi une montagne secrète et si cette recherche se confondait avec la vie elle-même et ne s'arrêtait qu'avec elle ? Inspiré librement de la vie du peintre et trappeur René Richard, *La montagne secrète* célèbre autant la création que la nature du Grand Nord.

Jacques GODBOUT
Salut Galarneau !
1967, Seuil, coll. Points Roman, 158 p.

« Salut Galarneau ! » : ainsi l'abordent les clients venus acheter un hot-dog ou des frites. Dans son restaurant, François Galarneau pourrait être heureux. Mais voilà ! Il a derrière lui une enfance chamboulée par la mort du père, des études tôt abandonnées, un mariage raté. En lui suggérant de se mettre à écrire, sa blonde Maryse n'a fait que précipiter la crise. François va expérimenter à fond les vertus thérapeutiques de l'écriture. Ce cahier où il déverse son trop-plein va finir par prendre toute la place dans sa vie et le couper du monde. Mais au fond de la dépression, une autre naissance l'attendait. Et ce n'est pas un hasard si, à la fin, en ouvrant le dictionnaire, il s'arrête sur le mot DOMINER.

Jacques Savoie
Une histoire de cœur
1988, Boréal, coll. Boréal compact, 228 p.

Dans l'avion qui l'emmène à New York, un écrivain revoit mentalement le scénario qu'il a soumis à des producteurs de cinéma. Ce scénario raconte les suites étranges d'une transplantation cardiaque. Le chercheur qui a reçu le nouveau cœur se lance dans une véritable enquête policière pour découvrir l'identité du donneur. Ce qu'il apprend n'est pas de nature à le rassurer… À New York, les producteurs exigeront d'importantes modifications au scénario avant de commencer le tournage. De nombreux romanciers nous ont déjà proposé le roman d'un roman. C'est maintenant le roman d'un film que nous donne Jacques Savoie avec *Une histoire de cœur*.

Jacques POULIN
Le vieux Chagrin
1989, Actes Sud, coll. Babel, 155 p.

Le narrateur de cette histoire est écrivain. Il vit dans une vieille maison au bord du fleuve. Pendant tout un été, il essaie d'écrire une histoire d'amour. Mais ses personnages lui résistent. D'ailleurs, se demande-t-il, peut-on écrire une histoire d'amour si on n'est pas soi-même amoureux ? L'amour va surgir dans sa vie sous la forme d'une mystérieuse femme dont le voilier est à l'ancre à peu de distance de sa maison. Jamais cependant il ne réussira à entrer en contact avec elle. Elle ne sera jamais plus qu'une silhouette entrevue sur la grève. Mais elle n'en bouleversera pas moins sa vie. Œuvre aux multiples facettes, *Le vieux Chagrin* est tout autant une interrogation sur la vie que sur la création littéraire. Et sur les rapports entre les deux.

LE MÊME THÈME EST AUSSI PRÉSENT DANS :

FOLCH-RIBAS, Jacques, *La chair de pierre*

BESSETTE, Arsène, *Le débutant*

MCLENNAN, Hugh, *Deux solitudes*

AQUIN, Hubert, *Prochain épisode*

ROBIN, Régine, *La Québécoite*

POULIN, Jacques, *Volkswagen blues*

5. ENFANCE ET ADOLESCENCE

Tout le monde y revient. Et les romanciers plus que les autres. Dans le « premier jardin » qu'est l'enfance, toutes les fleurs ne sont pas bleues, il s'en faut de beaucoup. Et que dire de l'adolescence ? Longtemps dans l'âge adulte, les fantômes de l'enfance et de l'adolescence continuent de nous habiter.

Jacques FERRON
L'amélanchier
1970, Typo Roman, 208 p.

Pour la petite Tinamer, le monde se divise en
deux. Le bon côté des choses, c'est-à-dire le jardin et le
petit bois derrière la maison où fleurit l'amélanchier. Et
le mauvais côté des choses, c'est-à-dire la rue, la ville,
l'inconnu. Son père, tendre excentrique, la confine au
bon côté des choses. Pour elle, il a redessiné la réalité
dans le sens de la fantaisie. Aussi, grande fut sa surprise
quand, au moment de fréquenter l'école, elle passa du
mauvais côté des choses. Son enfance venait de prendre
fin, l'enfance dont l'enchantement est aussi bref que la
floraison de l'amélanchier.

Réjean Ducharme
L'avalée des avalés
1966, Gallimard, coll. Folio, 378 p.

Bérénice est une enfant précoce. Elle a fait tôt le constat qu'on « ne pouvait rien contre la solitude et la peur ». Pas plus que contre la souffrance. À moins de se garder d'aimer : « Je suis contre l'amour […]. Je ne veux pas souffrir. » « Mon cœur je l'arrache, je le jette au fleuve. » À partir de là, son attitude sera la haine et le refus. Refus du monde tel qu'il est. Refus de « l'adulterie ». Refus d'être avalée. Tout est la faute de la lucidité. La véritable naissance, c'est l'accès à la lucidité : « On ne naît pas en naissant. On naît quelques années plus tard, quand on prend conscience d'être. » Alors, « il faut s'accrocher là, dans le temps passé, où on croit avoir été beau ». À travers les mots de Bérénice, c'est la voix, c'est la détresse de tout humain que le lecteur entend : « Je suis seule dans la vie et je pleure. » « J'appelle, j'appelle. Rien ne vient. » « Je ne sais pas ce qu'on doit faire quand on est vivant. »

Jacques POULIN
Jimmy
1969, Actes Sud, coll. Babel, 187 p.

Dans un chalet posé sur la grève de Cap-Rouge, un enfant joue à être Jimmy Clark, champion de courses automobiles. La grève est une piste de Formule Un où il gagne des courses sous les applaudissements d'une foule imaginaire. Transformer la réalité, rien de plus facile pour lui : n'est-il pas, de son propre aveu, le plus grand menteur de la ville de Québec ? D'ailleurs, quoi faire d'autre quand la réalité est aussi pourrie que les pilotis sur lesquels repose le chalet ? Heureusement qu'il y a son chat, son voisin le Commodore et la petite Mary. S'il n'y avait plus la tendresse, alors que resterait-il ?

Pierre GOBEIL
La mort de Marlon Brando
1989, Triptyque, 108 p.

Le livre aurait aussi bien pu s'appeler *Le temps d'une chasse*. Pierre Gobeil met en parallèle le général fou d'*Apocalypse Now*, traqué par celui qui doit le tuer, et un enfant traqué par un adulte, ouvrier agricole engagé par son père. L'enfant est seul puisque ni son père ni ses frères et sœurs ne voient ce qui se passe. Il écrit un devoir de vacances : « Dans ma composition, mot après mot, phrase après phrase et caché par une histoire fantastique, j'essaie de parler de ce qui m'arrive pour vrai dans ma vraie vie. » Mais comment dire cette chose terrible qui va se produire, qui se produit ? Dans son devoir de vacances, il « n'ose pas écrire les phrases simples parce qu'elles parlent trop ». « J'invente », dit-il. Il a rebaptisé son père l'Abandonneur, le reste de sa famille, les Ombres et l'ouvrier agricole, l'Ornithorynque. Dans sa composition, il n'a pas écrit : « il me guette. » Il n'a pas écrit non plus : « comme le héros de mon film de guerre j'étais coincé. » Et encore moins : « je crois qu'on m'a tué. »

Gaétan SOUCY
La petite fille qui aimait trop les allumettes
2000, Boréal, coll. Boréal compact, 179 p.

L'action a pour cadre une sorte de château délabré perdu au milieu de la campagne. Là habitent deux adolescents et leur père. Seul le père, pour une raison mystérieuse, quitte la maison de temps à autre. Les enfants, eux, restent complètement coupés du monde. Ils vivent à peine mieux que des bêtes, mangeant des racines crues et s'accouplant, sans qu'on puisse parler d'inceste (savent-ils d'ailleurs ce que signifie être fille ou garçon ?). On devine qu'un séisme a secoué la vie du père et l'a rendu à moitié fou, mais lequel ? C'est dans le récit que rédige un des deux adolescents après la mort du père qu'on découvre peu à peu le terrible drame qui l'a conduit à s'isoler avec ses enfants. Ces pages sont écrites dans une langue tordue, où se mélangent les niveaux de langue, les contresens involontaires et les néologismes, fruit d'une sorte de bricolage surprenant et plein d'invention. C'est une langue sauvage, à l'image des enfants eux mêmes. L'histoire imaginée par Soucy est noire, sordide, monstrueuse. On peut dire que le seul bonheur ici (pour le narrateur aussi bien que pour le lecteur) est celui qui vient des mots.

Félix LECLERC
Pieds nus dans l'aube
1946, Bibliothèque Québécoise, 240 p.

Nous sommes au début du siècle dans une petite ville située aux marches du Québec habité. Un enfant de 12 ans fait l'apprentissage de la vie. Chaque rencontre, chaque expérience contient sa leçon. L'amitié, l'amour, la mort, la misère, mais aussi le bonheur lui sont tour à tour révélés. Et la nature vierge, où on peut s'échapper, est aux portes de la petite ville pionnière… Mais très vite – trop vite – arrive le moment où l'enfance devient « comme un vêtement trop étroit » qu'il faut quitter. Félix Leclerc fait ici la preuve qu'il savait mieux que personne magnifier la vie, celle des humains et celle de la nature. Cette chronique des jours heureux est aussi un tendre chant du monde.

Andrée MAILLET
Les remparts de Québec
1965, L'Hexagone, 235 p.

Le récit d'Andrée Maillet suit une trajectoire circu-
laire et repasse sans cesse sur les mêmes événements.
Un surtout : une nuit de juillet, Sophie s'est mise toute
nue sur les Plaines d'Abraham. Geste provocateur qui
est bien à l'image de cette adolescente de très bonne
famille devenue réfractaire à l'école, aux conventions et
aux valeurs de son milieu. Sophie tourne en rond dans
les remparts de Québec et rêve de départ définitif : « Je
partirai […] je ne sais quand. Je ne suis pas amarrée. »
Elle pratique l'amour libre et veut gagner sa vie : « Je
suis un mutant, une mutante. » Sophie sait bien que,
dans le Québec des années 1960, son impatience, son
désir de changement et de liberté (et en même temps
l'angoisse devant ce changement) sont aussi ceux de
tout un peuple : « Nue et les mains vides, effrayée par
l'inconnu, je ressemble à ma nation. »

Sylvain TRUDEL
Le souffle de l'harmattan
1986, Typo Roman, 239 p.

Si Habéké est noir et Hugues est blanc, ils ont en commun d'avoir été adoptés et de vouloir échapper au monde des adultes. Hugues ne se sent pas « voulu » : « Si on ne se sent pas voulu, on est une île si petite qu'on n'est sur aucune carte. » Habéké, lui, ne veut pas renoncer à ses racines africaines. Leur rêve à tous deux : trouver une île où créer un monde nouveau « loin de l'hypocrisie de l'ère adulte ». La rupture avec le monde des grandes personnes trouve son expression dans le langage utilisé par Hugues, le narrateur : les mots et les expressions du langage ordinaire sont repris et triturés pour déboucher sur une langue neuve, seule capable d'exprimer la compréhension du monde propre aux deux enfants. Ce travail sur la langue auquel se livre Sylvain Trudel le place d'emblée dans la famille des Sol et des Réjean Ducharme.

LE MÊME THÈME EST AUSSI PRÉSENT DANS :

MOORE, Jeffrey, *Captif, de roses enchaîné*

LALONDE, Robert, *Le dernier été des Indiens*

CHARNEY, Ann, *Dobryd*

RICHLER, Mordecai, *Duddy Kravitz*

OLLIVIER, Émile, *Mère-solitude*

TREMBLAY, Michel, *Thérèse et Pierrette à l'école des Saints-Anges*

BLAIS, Marie-Claire, *Une saison dans la vie d'Emmanuel*

SAMSON, Pierre, *Un garçon de compagnie*

FERGUSON, Trevor, *La vie aventureuse d'un drôle de moineau*

6. FAMILLE

Face à elle, le cœur balance : faut-il l'aimer ou la haïr ? Ceux qui en ont une voient en elle un carcan qu'il faut briser. Ceux qui n'en ont pas se languissent d'en avoir une. La famille est la première société, là où on peut faire l'apprentissage précoce de la haine aussi bien que du bonheur.

Élise TURCOTTE
Le bruit des choses vivantes
1991, Babel, 244 p.

Albanie vit seule avec sa fille Maria. Son amie
Jeanne vit seule avec son fils Gabriel. De l'autre côté de
la rue, Félix vit seul avec son père. Dans chacune de ces
familles, il y a un absent ou une absente. Entre eux,
l'amour se cherche un chemin, difficilement. Amour
des grandes personnes entre elles, amour des grandes
personnes pour les enfants. Quelquefois il en trouve
un, et tout est sauvé ; quelquefois non et cela peut être
la catastrophe. Albanie a rencontré Pierre, qui a su dire
les mots et faire les gestes qu'il fallait : « l'amour est une
chose qui s'invente. » Entre Jeanne et Jacques tout n'est
peut-être pas fini. Félix a trouvé une famille d'accueil,
mais son père n'a pas su, n'a pas pu sortir de sa solitude
et de sa douleur. Élise Turcotte dit la vie de tous ces
êtres fragiles à petits mots, à petites phrases, à petits
chapitres, avec la densité et le sens du raccourci carac-
téristiques des meilleurs haïkus.

Robert Choquette
Élise Velder
1958, Bibliothèque Québécoise, 460 p.

Automne 1937. Mme veuve Velder emménage avec ses deux enfants dans une grande maison, rue Sherbrooke. Elle y ouvre une pension où se côtoient bientôt un représentant de commerce boute-en-train, une couturière en chambre pudibonde, un vieux professeur de piano un tantinet voyeur, une jeune et jolie manucure, un timide étudiant en droit, une servante bègue et quelques animaux de compagnie. Mme Velder règne avec un certain panache sur cette famille élargie. Parallèlement, elle assiste à la transformation de sa fille et de son fils. Élise étouffe dans cette maison où elle n'est, en fait, qu'une servante. Elle rêve de travailler au-dehors, de s'émanciper. Un hasard va lui en offrir l'occasion. La voici donc qui vole de ses propres ailes. Pour sa part, Alex est un faible que sa mère dorlote à l'excès. Attiré par l'argent facile, il s'acoquine avec de petits arnaqueurs et s'enfonce de plus en plus dans le monde interlope. Mais pendant que l'un descend, l'autre monte : Élise découvre l'amour en la personne d'un jeune avocat, Marcel Latour, fils d'un riche entrepreneur canadien-français. Cet amour est d'abord violemment contrarié par la mère de Marcel : son fils peut-il épouser une fille dont la mère tient une pension de famille ? Mais le sentiment qui lie Marcel et Élise sera plus fort que les différences de richesse et de classe sociale.

Émile OLLIVIER
Mère-solitude
1983, Albin Michel, Le Serpent à plumes, 210 p.

Dans une île des Caraïbes (où il est facile de reconnaître Haïti), le jeune Narcès Morelli apprend d'un vieux domestique l'histoire de sa famille. C'est une histoire à la fois sombre et poétique, pleine de faits étranges et surprenants, habitée d'êtres excessifs, en tous points hors normes. À l'origine, Narcès voulait comprendre la mort de sa mère adorée. Il est encore tout imprégné de son souvenir : « L'écume de mes jours goûte le sel des baisers qu'elle m'a donnés. Janvier, elle faisait chaque jour de moi, un jour de l'an ; avril, elle me promenait en bougainvillées ; mai, alors, là, les jolies chansons du mois de mai ; juin, j'étais un papillon de la Saint-Jean, éclaireur de l'été. » Cette mère magicienne fut pendue sur la place publique quand il était enfant. Mais comment parler de cette histoire sans raconter celle de la famille, celle du pays, avec son cortège « de tueries, de pillage, d'incendie et de massacres » ? Le vieil Absalon sait tout ; il parle et parle encore. Narcès a 20 ans et son constat final est sans espoir : « Je vis dans un monde dément, plein de turbulences, de tapages et de bras de flammes. J'ai beau écarquiller les yeux, je ne vois pas poindre l'aube nouvelle. [...] Englué dans cet espace clos, la moiteur d'une moitié d'île, il faudrait s'en aller, mais comment en sortir ? »

Robert LALONDE
L'ogre de Grand Remous
1992, Boréal, coll. Boréal compact, 192 p.

Un jour de 1964, Georges Messier et sa femme disparaissent mystérieusement, laissant derrière eux leurs quatre enfants. Où sont-ils allés ? Pourquoi sont-ils partis ? Parvenus à l'âge adulte, les orphelins de Grand Remous portent encore, comme une cicatrice mal refermée, ces questions obsédantes. Pourtant, l'un d'entre eux a le secret… Et comme dans *Le petit poucet,* c'est le plus petit de la famille et le plus fragile. Robert Lalonde a organisé cette version contemporaine et québécoise du conte de Perrault comme une véritable pièce musicale. Sur le discours en forme de continuo de Julien, le « fou », interviennent tour à tour les voix différenciées des autres orphelins : Charles, Aline et Serge.

Noël AUDET
L'ombre de l'épervier
1988, Québec/Amérique,
coll. Québec/Amérique, 514 p.

L'Anse-aux-corbeaux est un village de pêcheurs juché au bord d'une falaise verticale. Des années 1920 aux années 1980, la famille Guité domine la petite agglomération. Quatre générations se succèdent sous l'œil malicieux et clairvoyant de Pauline, l'aïeule. C'est un personnage entier et coloré auquel Noël Audet a donné pour comparses d'autres personnages tout aussi entiers et colorés. L'action du roman est scandée par le passage de l'ombre de l'épervier, toujours annonciatrice de malheurs. Dans le récit des grandeurs et misères de la famille Guité, on peut lire en filigrane l'histoire économique et sociale de la péninsule gaspésienne.

Roger LEMELIN
Les Plouffe
1948, Quinze, coll. Roman 10/10, 400 p.

La « tribu » Plouffe se présente comme la famille typique d'un quartier ouvrier de Québec à la veille de la seconde guerre mondiale. Elle est dominée par une mère pieuse et geignarde qui refuse de voir sa couvée vieillir et s'éloigner d'elle. Pourtant, les enfants sont devenus des adultes et préparent chacun à leur manière leur émancipation. Entre 1939 et 1945, les décès, les histoires de cœur, mais surtout la guerre vont modifier profondément le destin de chacun des membres de la « tribu » Plouffe. Le tragique et le comique se mélangent dans cette œuvre qui fut à l'origine de l'une de nos plus populaires séries télévisées.

Marie-Claire BLAIS
Une saison dans la vie d'Emmanuel
1965, Boréal, coll. Boréal compact, 164 p.

Emmanuel naît, seizième enfant de la famille, un glacial jour d'hiver. Il voit le jour dans un monde hostile, insensible à la souffrance et à la solitude. Sa mère « ne semble pas se souvenir de lui avoir donné naissance ». Son père est un « ennemi qui violait sa mère chaque nuit ». C'est sa grand-mère qui le prend en charge. Quand elle se penche sur son berceau, ce n'est pas pour lui adresser des mots de tendresse, mais pour proférer un sombre oracle : « Tu apprendras vite que tu es seul au monde ! — Toi aussi tu auras peur. » Heureusement, à l'horizon de ce premier hiver dans la vie d'Emmanuel se profile tout de même le printemps…

LE MÊME THÈME EST AUSSI PRÉSENT DANS :

ARCHAMBAULT, Gilles, *À voix basse*

ROY, Gabrielle, *Bonheur d'occasion*

OUELLETTE-MICHALSKA, Madeleine, *La maison Trestler ou le huitième jour d'Amérique*

GOBEIL, Pierre, *La mort de Marlon Brando*

SOUCY, Gaétan, *La petite fille qui aimait trop les allumettes*

LECLERC, Rachel, *Ruelle Océan*

7. INSOLITE

Dans les romans contemporains, c'est moins la magie que l'informatique ou la recherche de pointe qui apporte la richesse et le pouvoir sur les autres. Informaticiens et chercheurs ne sont-ils pas les sorciers de ce temps ? Ne s'entourent-ils pas du même secret ? Le secret qui reste un des ressorts les mieux huilés de la fiction romanesque.

Philippe-Ignace-François AUBERT DE GASPÉ
Le chercheur de trésors
ou l'influence d'un livre
1837, Bibliothèque québécoise, 176 p.

Ce roman, le premier de notre littérature, est l'œuvre d'un jeune homme de 20 ans nourri de romans noirs. On le voit bien aux nombreux éléments macabres dont il a farci son texte. Son personnage principal rêve de faire fortune par le moyen – dérisoire – de la magie. Mais ni la poule noire ni la « main de gloire » (qui est une main de pendu) ne réussiront à faire de lui un homme riche. C'est le hasard qui lui fera trouver un trésor. Cependant, même parvenu à l'aisance, il ne cesse pas pour autant ses recherches alchimiques. Mais, comme l'indique le narrateur à la fin, y avait-il un meilleur moyen d'échapper à la tristesse de l'existence, surtout dans une société anachronique et bloquée comme celle de 1830 ? À l'intrigue principale, Aubert de Gaspé (fils) a greffé une histoire d'amour et a incorporé des éléments légendaires comme l'histoire de Rose Latulipe qui faillit être emportée par le diable un soir de mardi gras.

Monique LaRue
Copies conformes
1989, Boréal, coll. Boréal compact, 189 p.

Copies conformes nous entraîne dans le monde
californien de l'informatique. Un monde impitoyable
où tous les coups sont permis, y compris le piratage.
C'est ce que va apprendre Claire Côté. Un logiciel de
traduction mis au point par son mari est mystérieusement disparu ; et elle n'a que quelques jours pour le
récupérer avant de rentrer au Québec. En essayant de le
retrouver, elle va se trouver engagée dans une intrigue
aux allures policières. Fait étrange : elle croise à chaque
pas les traces de l'auteur et des personnages du *Faucon
maltais*. Monique LaRue orchestre en effet un subtil
réseau de correspondances entre l'histoire de Claire et
le célèbre roman de Dashiell Hammett. Une réflexion
sur le vrai et le faux : la vérité et le mensonge sont au
cœur de ce thriller informatico-littéraire.

Anne Hébert
Les enfants du sabbat
1975, Boréal, coll. Boréal compact, 192 p.

Dans le couvent des Dames du Précieux-Sang, quelque chose ne tourne pas rond depuis que sœur Julie de la Trinité est sur le point de faire sa profession. Bientôt d'étranges événements se produiront qui témoigneront des pouvoirs sataniques de sœur Julie. Il deviendra évident que le Diable est entré avec elle au couvent. Ni les efforts de la supérieure, ni l'intervention du docteur, ni même un exorcisme en bonne et due forme ne pourront empêcher le Mal de se répandre et de dérégler jusque dans ses plus petits rouages la vie du couvent. Anne Hébert s'attaque ici à un thème peu commun dans notre littérature.

LE MÊME THÈME EST AUSSI PRÉSENT DANS :

BROUILLET, Chrystine, *Marie LaFlamme*

SAVOIE, Jacques, *Une histoire de cœur*

8. MARGINAUX

Il est toujours risqué d'afficher sa différence. La société n'est pas tendre pour ceux dont les valeurs tranchent sur celles de la majorité. Les marginaux vivent sur la corde raide, éternels suspects toujours menacés d'être rejetés. À tous les « survenants » et autres « emmitouflés », on pourrait appliquer la définition que Louis Fréchette donne des originaux : « Ceux qui sont quelqu'un, ce qui est plus rare qu'on le pense. »

Jacques FOLCH-RIBAS
La chair de pierre
1989, Bibliothèque Québécoise, 240 p.

En 1675 arrive en Nouvelle-France Claude Baillif maître-charpentier, maître-maçon et architecte. C'est un sceptique, sans illusion sur la bonté des hommes. Un incroyant nourri de Descartes et de Montaigne. Un plébéien opposé aux privilèges et aux riches. Ce marginal porte déjà en lui les idéaux de la Révolution française. Il vit des commandes que lui passent l'église et les notables, mais c'est chez les pauvres et les Indiens qu'il croit trouver ses vrais semblables. Claude Baillif a bel et bien existé. Mais sa vie reste mystérieuse à bien des égards. En se servant de son imagination d'écrivain, Jacques Folch-Ribas a brodé librement dans les blancs de cette vie.

Louis CARON
L'emmitouflé
1977, Boréal, coll. Boréal compact, 208 p.

En 1917, quand est décrétée la conscription, Nazaire, jeune homme sensible et taciturne, disparaît. Comme beaucoup d'autres jeunes Canadiens français de l'époque, il refuse absolument de participer à une guerre qui ne le concerne pas. D'abris de fortune en granges, de granges en greniers, il réussit à échapper aux indicateurs et à la police militaire. Bien des années plus tard, alors qu'il vit retiré chez son frère au Vermont, Nazaire entend dire qu'il y aura peut-être la guerre. Alors, il disparaît à nouveau. Jean-François, son jeune neveu, participe à la battue en vue de le retrouver et apprend l'histoire de Nazaire. Il se prend de sympathie pour lui. Quand, à son tour, on le sommera d'aller faire la guerre (en l'occurrence celle du Viêt-nam), il se souviendra de Nazaire et prendra lui aussi le chemin de la clandestinité.

Eugène L'ÉCUYER
La fille du brigand
1844, Éditions Nota bene, 170 p.

C'était au temps où, à Québec, les abords de la porte Saint-Louis étaient mal famés et les bois de Cap-Rouge, un repaire de brigands. Voici un vilain (chef des brigands), une jeune héroïne (éplorée), un jeune chevalier sauveur (pas très courageux). Le vilain veut empêcher le jeune homme de s'emparer de l'héroïne qu'il protège et veut garder pour lui seul. Bien sûr, le vilain sera puni et les jeunes tourtereaux pourront se marier. Mais cet heureux résultat ne sera pas obtenu sans peine : il nécessitera pas mal de rebondissements, d'entreprises secrètes menées nuitamment, une bonne dose d'invraisemblance, quelques morts à l'arme blanche, un empoisonnement, des évanouissements, des cheveux arrachés, des transes, des larmes... Le tout sur fond de rues mal éclairées, de grottes obscures, d'orages et d'éclairs. Où l'on voit que le roman québécois, aux premiers jours de son histoire, plonge profondément ses racines dans l'esthétique gothique.

Anne HÉBERT
Les fous de Bassan
1982, Seuil, coll. Points Roman, 249 p.

Rien ne serait arrivé à Griffin Creek, en cette fin
d'été 1936, sans le retour inattendu de Stevens Brown,
blond « survenant » aux « yeux de cendre bleue ». Il lui
a suffi de paraître pour que, dans le petit village de
Griffin Creek, posé au bord de l'océan, s'accélère
brusquement le « grand galop de la vie et de la mort ».
Le soir du 31 août, Nora et Olivia Atkins, les deux jolies
cousines, rentraient chez elles au clair de lune. Elles
sont disparues en chemin, comme volatilisées. Et on ne
les a jamais revues. Des décennies plus tard, Stevens se
souvient de lui et d'elles, « précipités, tous les trois dans
la fureur du monde ». Il « jure que cette nuit-là les
oiseaux de mer se sont déployés en bandes tour-
noyantes, au-dessus des trois corps couchés sur le
sable ». Il les entend encore comme s'il y était. Ils enva-
hissent sa chambre et frappent contre son crâne. Il ne
peut empêcher que le souvenir de cet été tragique,
« l'idée, l'idée seulement de Griffin Creek » lui « passe
dans la tête, pareille à une balle perdue ».

Gérard BESSETTE
Le libraire
1968, Pierre Tisseyre, 143 p.

Jodoin a depuis longtemps fait ses comptes avec ses semblables et la société. Il s'est retiré en lui-même à l'abri des obligations et des contacts humains. Mais il est aux prises avec deux malédictions : celle de gagner sa vie et celle (autrement plus grave) du temps. Le jour, il somnole à la librairie où il a trouvé un emploi de commis. Le soir, il boit jusqu'à la fermeture de la taverne. Reste le dimanche. Aucun débit de boisson n'étant ouvert à cette époque (nous sommes dans les années 1950), il écrit son journal et c'est ce journal que nous lisons. Jodoin s'y montre indifférent et sans ambition, presque sans désir, si ce n'est celui de n'être pas dérangé. Sa grande lucidité et son indifférence face à la morale établie l'opposent aux habitants de la petite ville où il sera cause de scandale. Un personnage d'« étranger » unique dans notre littérature. Un récit dépouillé, sans un mot superflu.

Germaine GUÈVREMONT
Le Survenant
1945, Bibliothèque Québécoise, 224 p.

Qui est l'homme qui frappe à la porte des Beauchemin un soir d'automne ? Nul ne le sait. Et nul ne saura jamais son nom ni ses origines. C'est pourquoi il fascine et effraie en même temps ces paysans dont l'univers clos ne dépasse guère les limites de la paroisse. Beau et fort, travailleur et habile artisan de surcroît, il a vite fait de séduire le vieux Didace Beauchemin qui voit en lui le fils qu'il n'a pas eu. Et la prude Angélina conçoit pour lui un amour qu'elle ne croyait plus possible. Il serait tentant, pour le survenant, de poser son paqueton une bonne fois pour toutes. Mais dans le paysage lacustre des îles de Sorel tout parle de départ : trafic de barges et de canots, vols de canards en migration… Un classique de notre littérature et un véritable document anthropologique sur la société terrienne du début du siècle.

Trevor FERGUSON
La vie aventureuse d'un drôle de moineau
1993 ; 1996, version française,
Éditions de la Pleine Lune, 587 p.

Sparrow Drinkwater est né d'une orpheline schizophrène et d'un corbeau géant (selon sa mère), quelque part en Géorgie. Comment s'étonner dès lors de le voir grandir dans un asile d'aliénés et atterrir à Montréal au terme d'un hallucinant voyage en train ? La vie du jeune Sparrow est constamment jalonnée de rencontres avec de drôles d'oiseaux, dont un Russe qui creuse des tunnels sous les rues de Montréal. Un jour, le chétif moineau décide de prendre son envol. Il se hisse jusqu'aux plus hautes sphères de la finance internationale où il affronte avec succès de grands rapaces. Mais au bout du chemin l'attendent les questions essentielles : à quoi lui a servi de vouloir voler si haut ? qui est fou ? qui est normal ? Le petit moineau conçu dans un marécage de Géorgie a-t-il perdu son âme ?

LE MÊME THÈME EST AUSSI PRÉSENT DANS :

BRAULT, Jacques, *Agonie*

THÉRIAULT, Yves, *Ashini*

CARON, Louis, *Le canard de bois*

DELISLE, Michael, *Le désarroi du matelot*

HÉBERT, Anne, *Les enfants du sabbat*

ROY, Gabrielle, *La montagne secrète*

SOUCY, Gaétan, *La petite fille qui aimait trop les allumettes*

GAUTHIER, Louis, *Voyage au Portugal avec un Allemand*

9. PAGES D'HISTOIRE

Dans le roman historique, les faits rencontrent l'imagination de l'écrivain. Il en résulte une œuvre où il y a du vrai (plus ou moins), mais où tout n'est pas vrai. L'Histoire nous est dévoilée à travers une histoire. Le roman devient une machine à remonter dans le temps ; et le lecteur se voit offrir le privilège de vivre, pendant quelques heures, avec les Patriotes de 1837, les habitants de Québec de 1660 ou les felquistes de 1970 !

Philippe-Joseph AUBERT DE GASPÉ
Les anciens Canadiens
1863, Bibliothèque Québécoise, 432 p.

À travers l'histoire de la famille d'Haberville, Aubert de Gaspé (père) nous fait vivre les dernières années du Régime français et les premières du Régime anglais. Mais ce tableau historique sert lui-même de prétexte pour instruire le lecteur sur les mœurs, les coutumes et la culture matérielle des « anciens Canadiens ». Le livre d'Aubert de Gaspé, est un véritable manuel d'ethnographie : les détails abondent sur ce qu'on buvait et mangeait, sur les habitudes de vie, les croyances et les fêtes. Aubert de Gaspé, né en 1786 et lui-même seigneur de Saint-Jean-Port-Joli, est presque contemporain de la société qu'il décrit. À lire pour découvrir la manière dont on vivait dans une seigneurie de la vallée du Saint-Laurent dans la seconde moitié du XVIIIe siècle.

Paul OHL
Les chaînes de Gorée, Black
2000, Libre Expression, 526 p.

À la fin du XVIIe siècle, la France pense que le temps est venu pour elle d'occuper une place dans le très lucratif marché de la traite des Noirs. Pendant qu'on s'active à Versailles et à Nantes, quelque part, dans un village de l'ouest de l'Afrique, grandit Souma, fils de chef. Ici, personne ne se doute que le malheur approche. Un matin, d'autres Noirs, pourvoyeurs d'esclaves, fondent sur le village et emmènent de force Souma et les autres habitants jusqu'à la côte. Ils vont d'abord se retrouver dans la sinistre île de Gorée, près de la côte du Sénégal, lieu de transit des futurs esclaves destinés à l'Amérique. Ils seront ensuite convoyés jusqu'à la Martinique et vendus à un planteur. À travers les épreuves, Souma se révèle un être exceptionnel qu'aucune vexation, aucune cruauté n'arrivent à briser. Sa fierté et son désir de liberté demeurent toujours intacts. Souma n'a jamais perdu le contact avec ses racines. Un jour, il se révolte et entraîne avec lui les autres esclaves de la plantation. Ils s'échappent et, enfin libres, partent vivre dans la jungle. Ohl reconstitue avec un extraordinaire luxe de détails quelques-unes des pages parmi les plus honteuses de l'histoire de l'humanité.

William Kirby
Le chien d'or
1877, Quinze, coll. 10/10 ;
1884, version française, 2 t., 362 p. et 403 p.

Au milieu du XIXᵉ siècle, on pouvait encore voir
sur une maison de la rue Buade, à Québec, une pierre
sculptée en bas-relief autour de laquelle figurait une
énigmatique inscription en vers : « Je suis le chien qui
ronge l'os / En le rongeant je prends mon repos / Un
jour viendra qui n'est pas venu / Où je mordrai qui
m'aura mordu. » Intrigué par le mystère entourant
l'origine et la signification de cette pierre, William
Kirby s'est plu à imaginer une histoire d'amours et de
meurtres qu'il situe en 1748, c'est-à-dire aux dernières
années du Régime français. Le romancier canadien-
anglais se livra à de minutieuses recherches pour écrire
ce livre, tant était grand son souci de restituer le plus
fidèlement possible la vie et les personnages de cette
période de l'histoire de la Nouvelle-France.

Léo-Paul Desrosiers
Les engagés du Grand Portage
1938, Bibliothèque Québécoise, 272 p.

Léo-Paul Desrosiers nous plonge dans l'univers des voyageurs, ces engagés des grandes compagnies de fourrure qui convoyaient les marchandises de traite jusque dans les forts du nord-ouest et en ramenaient les précieuses pelleteries collectées auprès des Indiens. Parmi ces voyageurs, une figure se détache : Nicolas Montour. Arriviste sans scrupule, il utilise toutes les ruses pour s'élever dans la hiérarchie de la puissante Compagnie du Nord-Ouest ; sur tous les hommes il a su faire pression, de tous les hommes il a su se servir. Tous, sauf un : Turenne, que sa droiture, sa bonté foncière et son intelligence semblent rendre incorruptible. Montour arrivera-t-il à ses fins ? Turenne saura-t-il lui résister jusqu'au bout ? Cette partie de bras de fer est au cœur de ce roman historique qui se déroule sur fond de rivalités entre trois grandes compagnies pour la possession du lucratif marché des fourrures.

Chrystine BROUILLET
Marie LaFlamme
1992, J'ai lu, 3 t., 414 p., 403 p. et 446 p.

Quand elle débarque à Québec à l'été 1663, Marie LaFlamme n'a qu'une idée : exercer le métier de sage-femme et tenir une boutique d'apothicaire. Malgré sa jeunesse, elle sait accoucher les femmes et traiter les fractures ; et sa connaissance des plantes médicinales est étonnante. Sa compétence est vite reconnue, mais les autorisations officielles tardent à venir. Plusieurs se demandent comment une si jeune femme peut soigner et guérir avec une telle facilité. Marie, la belle Marie à la chevelure rousse, a effectivement des choses à cacher. Comment avouer qu'elle tient sa science de sa mère, condamnée pour sorcellerie et brûlée vive ? Comment avouer qu'elle est venue en Nouvelle-France autant pour échapper à d'éventuelles poursuites judiciaires qu'à la vindicte d'un mari exécrable ? Que dirait-on si on savait qu'elle s'est trouvée mêlée aux activités d'une société secrète dont les croyances, si on venait à les connaître, seraient considérées comme hérétiques ? Dans la petite ville de Québec de 1663, les événements vont se bousculer autour de Marie LaFlamme.

Alain GRANDBOIS
Né à Québec
1933, Presses de l'Université de Montréal,
coll. Bibliothèque du Nouveau Monde, 288 p.

Louis Jolliet : découvreur et explorateur du
XVIIe siècle, né à Québec. Grandbois en fait un héros de
légende. Pendant presque toute sa vie, il sillonne le
continent en canot. On pourrait presque dire qu'il vole
tant les distances qu'il parcourt sont fabuleuses. Il descend le Mississipi le premier, arrive presque au Golfe
du Mexique, va jusqu'à la Baie d'Hudson, explore le
Labrador. Les tribus qu'il rencontre ne se comptent
plus. Il est pur, il est beau, il est courageux, presque
invulnérable. Grandbois le décrit « très grand, large
d'épaules, droit comme un jeune arbre. Magnifique
tête bouclée. Dans la face hâlée, des yeux couleur de
l'eau de mer ». Pour les Indiens, ce « jeune chef aux
cheveux blonds bravait les dieux ». Il est tel qu'il ne
déparerait pas un roman arthurien. Même le vieillis-
sement ne l'atteint pas. En effet, « l'âge ne semblait
toucher Jolliet que pour augmenter sa puissance et sa
force ». C'est décidément un demi-dieu. Sa disparition
soudaine au printemps 1700, alors qu'il part pour sa
seigneurie de Mingan, reste mystérieuse : « rien ne res-
semblait moins à Jolliet qu'un homme désigné par la
mort. Il avait atteint l'âge où la course du sang s'établit
sur un rythme définitif, où la vie prend des apparences
éternelles. » Mais cet être hors du commun pouvait-il
avoir une mort ordinaire ? Le destin des demi-dieux
n'est-il pas, une fois leurs exploits accomplis, d'être
emportés vers l'Olympe ?

LE MÊME THÈME EST AUSSI PRÉSENT DANS :

FOLCH-RIBAS, Jacques, *La chair de pierre*

CARON, Louis, *Le coup de poing*

CARON, Louis, *L'emmitouflé*

VERNE, Jules, *Famille-sans-nom*

OUELLETTE-MICHALSKA, Madeleine, *La maison Trestler ou le huitième jour d'Amérique*

RICHARD, Jean-Jules, *Neuf jours de haine*

10. LE PAYS INCERTAIN

Le « pays incertain » (la formule est de Jacques Ferron), c'est bien sûr le Québec. Lequel paraît toujours hésiter entre les deux possibilités de la redoutable question d'Hamlet : être ou ne pas être ? Son histoire est une alternance de poussées de fièvre et de périodes de léthargie, de crises d'identité soudaines et de replis sur soi. Au début du XXIe siècle, le Québec est un pays plus « incertain » que jamais.

Hubert AQUIN
Prochain épisode
1965, Bibliothèque Québécoise, 380 p.

Le narrateur a été arrêté pour action révolution-
naire clandestine. Le voilà interné dans une clinique
psychiatrique en attente de son procès. Pour tromper
l'ennui et résister au désespoir, il se met à écrire un
roman d'espionnage qui se passe en Suisse. Ce roman
est le lieu de nombreuses et subtiles imbrications entre
sa vie et celle de son personnage. Le « prochain épisode », c'est celui qui manque au roman inachevé et
celui que le narrateur, poursuivant son projet de libéra-
tion du Québec, rêve d'écrire « à la mitraillette ». Ce
roman, d'une écriture très fouillée, rédigé dans un style
qui cultive le mot rare, fit sensation au moment de sa
publication. Il n'a pas fini d'intriguer les critiques et les
lecteurs.

Jacques FERRON
Le Saint-Élias
1972, Typo, 240 p.

À Batiscan, en 1869, on lance un grand trois-mâts qui va ensuite courir les mers jusqu'aux Antilles et même jusqu'en Afrique. Son propriétaire, Philippe Cossette, a reçu le sobriquet de Mithridate. Comme le célèbre roi d'Asie Mineure qui s'était farouchement opposé aux Romains, Cossette défie les Romains de 1869, c'est-à-dire les Anglais, avec son navire qui prend le large et rompt le confinement des Canadiens français du Bas-Canada. Le véritable sujet du roman c'est le pays, ce « pays incertain » cher à Jacques Ferron qui hésite entre se faire et se défaire au gré des réussites et des défaites des Mithridate. Ce pays ne saurait se concevoir sans une ouverture vers l'ailleurs, car « un pays n'est pas une prison mais un lieu de fraternité où l'on apprend à être fraternel avec les hommes des autres pays du monde ».

Jacques GODBOUT
Les têtes à Papineau
1981, Boréal, coll. Boréal compact, 155 p.

Narration à deux mains et à deux têtes, *Les têtes à Papineau* raconte l'histoire à la fois triste et drolatique de Charles et François Papineau, deux cerveaux, deux consciences auxquels les hasards de la génétique n'ont donné qu'un seul corps. Tout les oppose : tempérament, goûts, aspirations professionnelles. Charles n'a d'admiration que pour ce qui est anglo-saxon ; François ne jure que par ses racines françaises. Un célèbre chirurgien canadien-anglais leur proposera une opération pour les arracher à la difficulté d'être bicéphales dans un monde d'unicéphales. Peu de temps avant l'opération, alors qu'ils sont confinés dans leur chambre d'hôpital, ils se racontent. L'intervention chirurgicale aura des effets inattendus… Nul doute que Jacques Godbout a voulu donner à son récit une valeur allégorique. À lire à la lumière de l'histoire contemporaine du Québec.

LE MÊME THÈME EST AUSSI PRÉSENT DANS :

CHAUVEAU, Pierre-Joseph-Olivier, *Charles Guérin*

BESSETTE, Arsène, *Le débutant*

McLENNAN, Hugh, *Deux solitudes*

VERNE, Jules, *Famille-sans nom*

CARON, Louis, *Les fils de la liberté*

HÉMON, Louis, *Maria Chapdelaine*

SAVARD, Félix-Antoine, *Menaud, maître-draveur*

11. QUARTIERS, VILLES ET VILLAGES

La ville est entrée tardivement dans le roman québécois. Pendant longtemps, on l'a présentée comme un
lieu de perdition opposé à la campagne, censée être le
lieu d'épanouissement et de sauvegarde des plus hautes
valeurs. Mais il fallut bien « arriver en ville »… C'est là
que le quartier, sorte d'enclave villageoise, a conservé
tant bien que mal les solidarités « tricotées serrées » des
petites communautés rurales. Mais inexorablement, la
ville est devenue un lieu de solitude.

Roger VIAU
Au milieu, la montagne
1951, Les Herbes Rouges/Typo, 312 p.

Jacqueline est une fille vive et intelligente. Elle est pauvre, mais elle est portée par l'espoir d'accéder un jour à l'aisance. La rencontre de Gilbert va lui permettre d'entrevoir le monde des riches. Le ski au Mont-Royal, les longues promenades en auto à la campagne, les soupers en ville, les cadeaux, la première robe du soir : Jacqueline est une Cendrillon que les 12 coups de minuit ramènent invariablement dans le triste logement familial de la rue Plessis. Pendant que les deux jeunes gens poursuivent leur idylle, la crise économique s'accentue et la famille de Jacqueline s'enfonce dans la misère. Arrive un jour où les amoureux s'aperçoivent qu'il leur faut compter avec le fait qu'entre eux il y a la montagne (le Mont-Royal) qui partage la ville entre riches et pauvres. Cette histoire d'amour s'insère dans un tableau, fortement réaliste, de la vie montréalaise dans les années 1930.

Michel TREMBLAY
La grosse femme d'à côté est enceinte
(Chroniques du Plateau Mont-Royal I)
1978, Actes Sud, coll. Babel, 285 p.

Première vraie journée de printemps sur le Plateau Mont-Royal en 1942. Alors que la guerre fauche des vies en Europe, de nouvelles vies grouillent dans les ventres des femmes de la rue Fabre. L'une d'entre elles, la « grosse femme », est clouée à son fauteuil par une grossesse à risque. Alors qu'elle est contrainte à l'immobilité, autour d'elle tout bouge et on voit défiler et s'affronter les personnages de la « comédie humaine » de Michel Tremblay : Albertine, Édouard, Marcel et bien d'autres qui peuplent son théâtre et ses autres romans. Dans cette rue, ordinaire entre toutes, s'agite un « maelström de passions, de joies, de cris, de farces, de tragédies, d'amours, de fleurs, de rires ». La douceur du printemps aura provisoirement raison de ce tourbillon. Et quand arrive le soir, la nuit tombe comme une absolution sur les habitants de la rue Fabre.

Roch CARRIER
La guerre, yes sir !
1968, Stanké, coll. 10/10, 137 p.

Le fils d'Anthyme Corriveau est mort à la guerre. Sa dépouille est ramenée au village par des soldats anglais. La veillée au corps qui suit donne lieu à des scènes qui sont plus proches de la saturnale que de la cérémonie funèbre. Sous l'œil impassible des soldats anglais, on s'empiffre de tourtière, on boit, on se pelote en priant, on jure et on blasphème, pendant qu'un couple fait l'amour dans la chambre au-dessus. Cette veillée au corps devient une cérémonie païenne par laquelle les villageois ont l'air de vouloir conjurer la mort et la fuite du temps. Le curé dira du fils d'Anthyme qu'il est « mort en saint en défendant la religion ». Le lecteur apprend quelques pages plus loin que c'est en allant poser culotte qu'il a été descendu par un tireur ennemi… Rien n'est épargné par la dérision dans ce tableau truculent et dévastateur des mœurs villageoises.

Rodolphe GIRARD
Marie Calumet
1904, Bibliothèque Québécoise, 224 p.

En 1860, dans un petit village des bords du Saint-Laurent, Marie Calumet arrive pour occuper le poste de servante du curé. Elle a tôt fait de prendre en main le presbytère et son occupant. Marie Calumet est une femme énergique qui a la faconde et le franc-parler des servantes de Molière. Sa façon d'agir sans se soucier de l'opinion des autres et plus encore la haine que se vouent ses deux prétendants déclenchent des événements d'une grande cocasserie. Certaines scènes relèvent de la plus pure commedia dell'arte. Avec *Marie Calumet,* Rodolphe Girard a signé un petit roman plein de drôlerie et de malice qui tranche joyeusement sur la littérature prédicante de l'époque.

Christian MISTRAL
Vamp
1988, XYZ, coll. Romanichels poche, 320 p.

Christian Mistral écrit la chronique d'une génération, la génération vamp. Vamp : « À cause de son style
de femme fatale qui séduit et terrorise en même temps,
de son individualisme farouche et de l'effrayante quan-
tité de sang qu'elle suçait au tissu social. » On boit et on
baise à tout rompre dans un Montréal que Christian
Mistral décrit dans une prose hallucinée. Une intrigue
minimale sert de cadre à un long soliloque rédigé dans
un langage torrentiel, bouillonnant, où les mots en-
trent sans cesse en collision pour produire des impacts
inattendus. Du jamais vu depuis Réjean Ducharme.

LE MÊME THÈME EST AUSSI PRÉSENT DANS :

ROY, Gabrielle, *Bonheur d'occasion*

CHAUVEAU, Pierre-Joseph-Olivier, *Charles Guérin*

BESSETTE, Arsène, *Le débutant*

OLLIVIER, Émile, *Mère-solitude*

ROBIN, Régine, *La Québécoite*

LACOMBE, Patrice, *La terre paternelle*

12. REGARDS DE L'AUTRE

Nous oublions facilement que pour l'Amérindien, l'Inuk, l'anglophone et même l'immigrant l'autre cela peut être nous, les descendants des colons français, nous, les Québécois « pure laine ». Tant il est vrai, comme le rappelle Sylvain Lelièvre dans une de ses chansons, qu'on « est toujours l'indigène d'un autre ». Voilà un thème promis à un bel avenir dans la société québécoise, qui sera fatalement de plus en plus métissée.

Jules VERNE
Famille-sans-nom
1888, Stanké, coll. 10/10, 425 p.

À travers plusieurs de ses romans, Jules Verne fut
un ardent défenseur des droits des minorités. Pas étonnant qu'il se soit intéressé aux francophones du Bas-
Canada en butte aux vexations du pouvoir anglais. Les
événements de 1837-1838 lui fournissaient une riche
matière pour son roman. Il fait d'un certain Jean-sans-
nom l'âme de la rébellion. Présent et invisible, béné-
ficiant de la complicité de la population, Jean-sans-
nom échappe aux filets de la police. Après une victoire
à Saint-Denis, les Patriotes essuient échec sur échec.
On connaît la suite : répression, campagnes dévastées,
condamnations à mort, bannissements. L'auteur du
Tour du monde en quatre-vingts jours et de *Vingt mille
lieues sous les mers* prend ici fait et cause pour la population française du Bas-Canada.

Ying CHEN
Les lettres chinoises
1993, Actes Sud, coll. Babel, 141 p.

Yuan et Sassa ont prévu faire leur vie en terre québécoise. Yuan est déjà installé à Montréal, mais Sassa
tarde à quitter Shangai pour le rejoindre. Elle croit
deviner « que le monde est partout le même » et que,
peu importe le pays où l'on vit, on est orphelin. Tel
n'est pas exactement le point de vue de Yuan. Non pas
qu'il manque de lucidité. Les amours brèves, les droits
qui prennent le pas sur les devoirs, le mouvement et
l'impatience qui agitent la société sont autant de traits
de la vie d'ici qu'il voit très bien et qu'il commente dans
les lettres qu'il échange avec Sassa. Mais Yuan est trop
heureux d'être enfin responsable de lui-même. En
Chine, il y a décidément trop de « parents » qui protè-
gent les citoyens ! Cependant, sa liberté toute neuve lui
fait un peu peur. Il se demande s'il ne fera pas comme
ce personnage d'un vieux conte qui « s'enfuit devant le
dragon qu'il a dessiné avec adoration toute sa vie ».

Louis Hémon
Maria Chapdelaine
1916, Bibliothèque Québécoise, 232 p.

Au fond des forêts du Lac-Saint-Jean, Maria, fille de pionniers, est courtisée par trois hommes. François Paradis : figure même de l'amour, c'est la beauté et le parfum de la vie sauvage. Lorenzo Surprenant : il fait miroiter les sortilèges de la ville et les promesses de vie facile. Eutrope Gagnon : celui-là n'a que son gros cœur à offrir et la vie austère des défricheurs. François disparu, Maria doit choisir entre les deux autres. Ce sont les voix entendues au chevet de sa mère morte qui lui indiqueront la voie à suivre. Maria découvre que son destin est lié à celui de tout un peuple. À travers Maria Chapdelaine, c'est le Québec qui s'interroge sur son avenir et son identité. Et répond : « Nous sommes venus il y a trois cents ans et nous sommes restés… […] Au pays de Québec rien n'a changé. Rien ne changera parce que nous sommes un témoignage. »

Régine ROBIN
La Québécoite
1983, XYZ éditeur, coll. Romanichels poche, 232 p.

Robin imagine trois scénarios différents pour l'intégration d'une jeune juive française à Montréal. Trois histoires, trois quartiers, trois amours, un même exil qui n'arrive pas à se transformer en enracinement. Cette femme voudrait être Québécoise, mais n'arrive qu'à être Québécoite. À la fin, elle ne trouve plus ses mots, elle est sans paroles, abasourdie. Chaque fois, même échec, même fin : le retour à Paris, « le Paris mouillé et gris de son adolescence ». Est-ce la faute de Montréal, cette ville trop hétérogène où se mêlent tant de gens d'origines diverses ? Le texte est farci d'inventaires (noms de magasins, de banques et de stations de métro), de menus, de publicités, de petites annonces, comme autant de signes d'un Montréal contrasté, bariolé. Un Montréal courtepointe : ethnies, cultures, habitudes alimentaires, langues de toutes sortes. S'ajoutent des instantanés de Paris, des évocations nostalgiques de la culture et de l'histoire de juifs d'Europe, des extraits de manuels scolaires, des poèmes. « Pas d'ordre. Ni chronologique, ni logique, ni logis. » Nous étions prévenus dès la première ligne. Le récit de Robin s'y reprend à trois fois, le récit bégaye et accouche d'une œuvre-collage, étonnant échantillon de « parole immigrante ».

LE MÊME THÈME EST AUSSI PRÉSENT DANS :

KIRBY, William, *Le chien d'or*

LEFEBVRE, Louis, *Guanahani*

13. RÉUSSITE

Les personnages qui incarnent cette thématique font preuve d'une grande force. Convenons qu'il en faut beaucoup pour s'arracher aux pesanteurs sociales et s'affranchir des préjugés qui freinent l'émancipation individuelle. Mais comment changer sa condition sociale et économique sans se changer soi-même ? Aussi n'est-il pas étonnant de voir que les meilleurs romans de réussite s'inscrivent dans la vieille et combien riche tradition du roman d'apprentissage.

André MAJOR
Le cabochon
1964, L'Hexagone/Typo, 198 p.

André Major présente ainsi son roman : « [...] l'histoire d'un étudiant qui tente de sortir de la médio-crité ambiante. » Antoine, contre l'avis de ses parents, en vrai « cabochon », interrompt ses études et tente de façonner librement sa vie. Il connaît l'isolement, le doute, les erreurs, l'humiliation, le travail précaire. Mais à la fin, réconcilié avec lui-même et son milieu, il fait son bilan : « Il se demande si tout ce qu'il a fait cette année a été inutile : quitter l'école, la maison, travailler, aller dans le nord. Oui, ça lui a appris quelque chose : être seul, et dans cette solitude évaluer ce que les autres sont dans sa vie. » Jacques Renaud a créé le personnage du « cassé », aliéné, et n'ayant pour s'exprimer que la violence aveugle ; André Major crée le « cabochon », lucide et maître de sa parole. Par bien des côtés, ce petit roman n'a rien perdu de son actualité.

Pierre-Joseph-Olivier CHAUVEAU
Charles Guérin
1846, 1853 en livre,
Fidès, coll. du Nénuphar, 392 p.

Au début du roman, Charles et son frère expriment l'exaspération de la jeunesse canadienne-française de 1830 devant la difficulté de se faire une place au soleil. Avocat, notaire, médecin ou prêtre : voilà à quoi se résument les choix pour les jeunes gens instruits. Charles et son frère n'en veulent pas. Quoi faire alors ? L'horizon est bouché. Pierre s'embarque sur un navire et cherche fortune à l'étranger. Charles, qui a d'abord pensé à la prêtrise, s'engage mollement dans l'apprentissage du droit. Quand sa mère lui confie la gestion du patrimoine familial, il ne sait pas être à la hauteur. Naïf et inexpérimenté, il est floué par un machiavélique commerçant jersiais. C'est la ruine pour les Guérin. Le monde du commerce et des affaires ne semble pas fait pour les jeunes Canadiens français. À défaut de pouvoir nager dans le sens de l'histoire, il ne leur reste donc qu'à la refaire : redevenir des colonisateurs défricheurs comme leurs ancêtres. Charles prend la tête d'un groupe de courageux jeunes gens, qui s'apprêtaient à émigrer dans les villes américaines, et fonde une sorte de petite république dans l'arrière-pays encore vierge. Il deviendra un petit notable, alors que son frère Pierre, revenu de l'étranger et désormais prêtre, sera le curé de la paroisse.

Arsène BESSETTE
Le débutant
1914, Bibliothèque Québécoise, 328 p.

Dans son roman, Bessette reprend une question déjà posée dans *Charles Guérin* : quel avenir pour un jeune Canadien français instruit ? Paul Mirot se la pose : l'état ecclésiastique ? l'agriculture ? Pas pour lui. Le journalisme, peut-être ? Il s'y essaie, mais on ne lui confie que des besognes sans intérêt. Il fonde alors un journal avec un de ses amis. Malheureusement, leurs idées progressistes dérangent et l'entreprise tourne court. La politique ? Il met peu de temps à découvrir que les élections sont truquées. La littérature ? Le contenu de son roman est jugé trop hardi et il se fait éreinter. Même la liaison qu'il entretient avec une jeune veuve tourne à l'échec. Dans toutes ses entre-prises, Mirot n'a rencontré que l'obscurantisme le plus épais. Il n'y a décidément pas de place au Québec pour les individus épris de vérité et de progrès et qui désirent faire leur bonheur en dehors des sentiers battus. Ayant perdu toutes ses illusions, Paul Mirot prend la décision de s'exiler aux États-Unis. Ce roman d'apprentissage est aussi un roman urbain qui nous livre une image sans équivalent du Montréal du début du XXᵉ siècle. Avec Paul Mirot, on entre au théâtre pour voir des mélodrames, on assiste à des spectacles de danseuses dénudées et on croise des demoiselles de petite vertu à la recherche du client…

Mordecai RICHLER
Duddy Kravitz
1959 ; 1976, version française,
Bibliothèque Québécoise, 528 p.

« Un homme sans terres n'est rien. » Ainsi s'exprimait le grand-père de Duddy Kravitz. Cette phrase devait rester gravée dans la mémoire de Duddy. Et quand il eut quitté l'école, son seul objectif fut de réaliser le projet qu'il avait lu dans la phrase du grand-père. Ces terres se trouvaient dans les Laurentides, autour d'un lac. C'était l'après-guerre. Le niveau de vie augmentait ; la villégiature se développait. Duddy voyait tout le parti qu'il pourrait tirer de ce lac. Il ne fut pas regardant sur les moyens pour trouver l'argent qui lui permettrait d'acquérir les terrains qu'il convoitait. Tous les métiers, toutes les combines lui furent bonnes. Il arriva à ses fins. Il avait tout juste 18 ans. Ce *self-made man,* à peine sorti de l'adolescence, n'avait plus grand-chose à voir avec celui qu'il avait été : un de ces petits juifs pauvres de la rue Saint-Urbain. Maintenant, il était devenu un homme d'affaires sans scrupules. Il ne comprit pas pourquoi son grand-père, au lieu de se réjouir de sa réussite, fondit en larmes. Il ne comprit pas que celui-ci pleurait sur la déchéance de son petit-fils.

Yves BEAUCHEMIN
Le matou
1981, Québec/Amérique,
coll. Québec/Amérique compact, 616 p.

En travaillant à s'enrichir le plus vite possible, Florent Boissonnault trouve toujours sur son chemin le mystérieux Ratablavasky. Sa personnalité ambiguë fait qu'on se demande : veut-il mettre Florent à l'épreuve ou l'écraser ? Veut-il jouer au mentor ou s'offrir un divertissement sadique ? Aidé de ses amis et de sa blonde, Florent engage une interminable lutte à finir contre l'étrange vieillard. Et c'est un Florent devenu un peu cynique qui déclare à la fin : « J'ai pris le goût de gagner [...] quitte à me salir un peu les mains. D'ailleurs le bonheur propre est-ce que ça existe ? » Des dialogues colorés, des personnages très typés et surtout un récit tout en culbutes, en rebondissements et en surprises sont les ingrédients qui expliquent l'immense succès de ce roman ici et à l'étranger.

Michel Désautels
Smiley
1998, VLB éditeur, 183 p.

Il ne faut pas se fier à son sourire : « une double
rangée parfaite de dents immenses, immaculées, qu'on
aurait jugées indécentes si elles n'avaient pas été entou-
rées de ce visage d'enfant. » Smiley est noir, jeune et
pauvre. Il survit grâce à un petit boulot dans un restaurant de la banlieue d'Atlanta. Au fond de lui suppure
toujours la blessure d'une enfance qu'on devine sac-
cagée. En outre, Smiley est piégé : pour éviter à son
frère des ennuis avec la justice, il est obligé de rendre
des services très « particuliers » au sergent O'Connor…
Dans un autre quartier, Jackson, un autre noir, se pré-
pare pour une compétition olympique. Les destins des
deux garçons vont trouver brièvement un point de tan-
gence par le biais de Madiba, l'entraîneur de Jackson,
mais vont par la suite diverger radicalement. À Jackson
tout va réussir, même si cette réussite n'est pas étran-
gère à une certaine pharmacopée illicite… Il récolte les
médailles, le fric, l'adulation. Smiley n'avait rien que
son bon cœur et ses dents parfaites. Il avait peu à perdre, mais ce peu, il le perd un soir, derrière un *high
school,* à l'abri de tous les regards. « D'ailleurs, il sou-
riait. On voyait très distinctement une double rangée
de dents parfaites, immenses, maculées de sang. Quand
on l'a trouvé, il était comme ça Smiley. »

LE MÊME THÈME EST AUSSI PRÉSENT DANS :

KOKIS, Sergio, *L'art du maquillage*

VIAU, Roger, *Au milieu, la montagne*

ROY, Gabrielle, *Bonheur d'occasion*

AUBERT DE GASPÉ, Philippe-Ignace-François, *Le chercheur de trésors ou l'influence d'un livre*

HARVEY, Jean-Charles, *Les demi-civilisés*

MCLENNAN, Hugh, *Deux solitudes*

LACOMBE, Patrice, *La terre paternelle*

FERGUSON, Trevor, *La vie aventureuse d'un drôle de moineau*

14. RÉVOLTE, RÉVOLUTION

Derrière l'adolescent en rupture de famille et le terroriste prêt à sacrifier des vies, il y a le même désir de changement. S'opposer violemment aux parents, cela s'appelle révolte. Mais quand la révolte quitte la sphère individuelle pour s'attaquer à la société tout entière, au système économique et au régime politique, elle s'appelle révolution.

Louis CARON
Le canard de bois (Les fils de la liberté I)
1981, Boréal, coll. Boréal compact, 326 p.

Dans le Bas-Canada de 1837, la tension est à son comble entre la population de langue française et le gouvernement dominé par les Anglais. À l'automne de cette même année, un soulèvement se produit. Hyacinthe Bellerose se trouve mêlé intimement à ce soulèvement. Mais son engagement est basé sur un malentendu : il ne cherche pas à faire de la politique ; il veut seulement dénoncer l'injustice et la misère qui frappe un grand nombre de ses compatriotes. Parallèlement, nous suivons le jeune Bruno Bellerose un siècle plus tard, alors qu'il revient des chantiers. Il recevra de son père mourant le canard de bois sculpté par son ancêtre Hyacinthe, témoin dans la course à relais des Bellerose (des francophones ?) vers leur affirmation dans le « pays incertain » du Québec.

Claude Jasmin
La corde au cou
1960, Pierre Tisseyre, coll. Poche, 254 p.

Après avoir noyé la femme qu'il aime, il prend la
fuite. Sainte-Agathe, Saint-Jérôme : il s'enfonce toujours plus au sud à la recherche d'une ferme où il fut
brièvement heureux adolescent. En chemin, alors que
la police le traque, il repasse les principales séquences
du film de sa vie. Son enfance entre des parents alcoo-
liques et violents. Son adolescence délinquante. Ses
fugues. Son entrée dans l'armée. Sa découverte, dans le
Paris de 1945, des musées, des théâtres et des livres. Ses
efforts ensuite pour mener une carrière de journaliste
où ses idées libertaires font peur. Sa pénétration dans le
milieu de la bourgeoisie où il n'arrive pas à se sentir à
l'aise et qui au fond le rejette. Il voit que la violence n'a
cessé de l'habiter et maintenant, puisqu'il le faut, il sera
violent jusqu'au bout. Il sait qu'il finira la corde au cou.

Louis CARON
Le coup de poing (Les fils de la liberté III)
1990, Boréal, coll. Boréal compact, 364 p.

Octobre 1970. Montréal est occupé par l'armée. Les sympathisants de l'indépendance sont arrêtés par centaines. Jean-Michel Bellerose, membre de l'une des cellules du FLQ, cherche à échapper aux filets de la police. Il se réfugie chez son oncle Bruno qui vit en ermite dans les îles de Sorel. Bruno n'apprécie guère l'arrivée intempestive de son neveu. Pourtant lui aussi, autrefois, avait eu le désir de faire quelque chose pour arracher les Canadiens français à leur condition de scieurs de bois et de porteurs d'eau. Il avait voulu prouver qu'on pouvait réussir à l'égal des Anglais. Jean-Michel, lui, voulait plutôt faire la révolution. D'abord réticent et critique à l'égard de son bouillant neveu, Bruno va finalement l'accompagner jusqu'au bout dans sa révolte.

Jean-Charles Harvey
Les demi-civilisés
1934, Stanké, coll. 10/10, 196 p.

Après avoir renoncé à la vocation religieuse, Max
veut tâter du journalisme. La rencontre de Dorothée
lui donnera les moyens matériels de lancer une revue
aux idées révolutionnaires. Lui et Dorothée veulent en
outre vivre leur amour en dehors des conventions. Le
succès leur sourit jusqu'au moment où les « demi-
civilisés » interviennent et ruinent l'entreprise journa-
listique de Max. Le roman de Jean-Charles Harvey est
une charge contre l'élite politico-religieuse de son
temps et un plaidoyer en faveur de la liberté, surtout de
la liberté d'opinion. Les « demi-civilisés » de 1934 se
sentirent si bien visés par le livre qu'ils le firent mettre
à l'index et retirer de la circulation.

Félix-Antoine Savard
Menaud, maître-draveur
1937, Bibliothèque Québécoise, 168 p.

Quand il apprend que la montagne va être louée à des « étrangers » (entendons des Anglais), Menaud se révolte. Il ne peut accepter l'idée qu'il ne pourra plus circuler et chasser à sa guise dans ces espaces sauvages, comme ses ancêtres qui avaient l'Amérique entière pour horizon. Menaud est de la race des voyageurs et des coureurs de bois. Il n'est paysan qu'à moitié. C'est un véritable appel au soulèvement qu'il va lancer devant ce qu'il considère comme une dépossession. Mais il ne rencontre que l'indifférence. Sauf chez le Lucon, prétendant de sa fille Marie, qui brûle de la même indignation que lui. Lui aussi est sensible à l'invitation des grands espaces. Mais Marie est là qui représente l'attachement à la terre, c'est-à-dire la stabilité et la sécurité. Le Lucon tout comme Menaud est partagé entre ces deux appels contradictoires. Félix-Antoine Savard a choisi une prose poétique pour ce roman aux accents fortement nationalistes

LE MÊME THÈME EST AUSSI PRÉSENT DANS :

THÉRIAULT, Yves, *Ashini*

OHL, Paul, *Les chaînes de Gorée, Black*

CHAUVEAU, Pierre-Joseph-Olivier, *Charles Guérin*

VERNE, Jules, *Famille-sans-nom*

LORANGER, Françoise, *Mathieu*

AQUIN, Hubert, *Prochain épisode*

15. LA TERRE

Elle a beaucoup compté pour nous. Il ne faut pas oublier que nous sommes issus de quelques milliers de colons défricheurs arrivés ici aux XVIIe et XVIIIe siècles. La Conquête a eu pour effet de nous forcer à nous replier sur cette terre laurentienne. Les idéologues du XIXe siècle l'ont parée de toutes les vertus face à une ville honnie et redoutée tout à la fois. La crise économique des années 1930, alors que nous commencions tout juste à apprivoiser la ville, nous y a renvoyés temporairement. Comment s'étonner alors qu'elle ait occupé pendant un siècle une telle place dans l'imaginaire de nos romanciers ?

Albert LABERGE
La Scouine
1918, Typo, 142 p.

La Scouine est une rude fille d'agriculteur qui n'a
pas trouvé de mari et qui vieillit dans la médiocrité. Sa
spécialité est le colportage des ragots. Mais au fond elle
n'est qu'une figure parmi d'autres dans le petit monde
de sa paroisse où la méchanceté, la bêtise, l'injustice et
la cruauté, petits et grands vices, se trouvent sans cesse
malaxées avec de rares vertus. Depuis longtemps les
romanciers présentaient sous un jour idyllique la vie
des paysans canadiens-français. Albert Laberge rompt
avec ce discours dominant en faisant une description
sans concession du monde rural. Il se risque même à
évoquer la sexualité, ce qui est d'une rare audace pour
l'époque. Non, la campagne québécoise d'autrefois
n'était pas une Arcadie.

Patrice LACOMBE
La terre paternelle
1846, Bibliothèque Québécoise, 96 p.

Les Chauvin vivent le parfait bonheur sur la « terre paternelle » transmise de génération en génération depuis le Régime français. Mais voici que le cadet de la famille, attiré par l'aventure, s'engage pour aller faire la traite des fourrures avec la Compagnie du Nord-Ouest. Son départ marque le début des ennuis pour les Chauvin. Obligés de s'installer en ville, après une série de revers, ils connaissent la misère et la déchéance. Le prospère agriculteur qu'était le père Chauvin est devenu porteur d'eau. Le retour inespéré du cadet, après plus de dix ans d'absence, provoque un revirement de situation. Avec ses économies, il rachète la terre (qui était passée entre-temps aux mains d'un anglophone). Puis il se marie et devient un parfait agriculteur. La fin tient presque du conte merveilleux : « Cette famille, réintégrée dans la terre paternelle, vit renaître dans son sein la joie, l'aisance et le bonheur […]. » On comprendra que l'objectif de Lacombe est autant de célébrer les vertus de la vie campagnarde que de mettre en garde contre les dangers de la vie urbaine. *La terre paternelle* constitue le premier roman de la terre et le prototype d'un genre qui devait fleurir au Québec pendant un siècle.

Ringuet
[pseudonyme de Philippe Panneton]
Trente arpents
1938, Flammarion Bis, 278 p.

Trente arpents de bonne terre, quelque part entre Montréal et Trois-Rivières : c'est le patrimoine des Moisan. La mort chasse un Moisan qui est remplacé par un autre. La terre, elle, ne fait que changer de maître. Elle garde ses exigences, impose ses servitudes. Ringuet nous fait assister au passage des saisons dans la vie de l'un de ces Moisan. Du printemps à l'hiver. Du jeune homme au vieillard. De la fin du XIXe siècle à l'entre-deux-guerres. Après plusieurs décennies de dur travail sur ses trente arpents de terre, Euchariste Moisan finit sa vie comme gardien de nuit en ville. La voie est maintenant ouverte au roman de mœurs urbaines. Gabrielle Roy et Roger Lemelin peuvent venir. Avec ce roman, qui est aussi un document sur le Québec rural, est clos le cycle du roman de la terre commencé un siècle plus tôt.

Claude-Henri GRIGNON
Un homme et son péché
1933, Quinze, coll. 10/10, 207 p.

Séraphin Poudrier incarne dans notre littérature le type même de l'avare. Dans la langue populaire, « séraphin » n'est-il pas synonyme d'avaricieux ? Claude-Henri Grignon a dessiné au trait fort ce personnage qui, sur sa maigre terre des Laurentides, mène une double activité d'agriculteur et d'usurier. Il tient à sa merci aussi bien les colons à l'existence précaire que les bourgeois impécunieux. Quant à sa femme, la pauvre Donalda, il la traite à peine mieux que les bêtes de sa ferme. Quand il la voit mourir, c'est d'abord en avaricieux qu'il réagit en pensant aux économies de vêtements et de nourriture qu'il va faire… *Un homme et son péché* a fait l'objet d'adaptations radiophoniques et télévisées qui ont été suivies avec une assiduité passionnée par les Québécois, pendant plusieurs décennies.

LE MÊME THÈME EST AUSSI PRÉSENT DANS :

CONAN, Laure, *Angéline de Montbrun*

CHAUVEAU, Pierre-Joseph-Olivier, *Charles Guérin*

HÉMON, Louis, *Maria Chapdelaine*

SAVARD, Félix-Antoine, *Menaud, maître-draveur*

GUÈVREMONT, Germaine, *Le Survenant*

16. TOURMENTS

C'est là que les romanciers ont de tout temps trouvé leur terrain de prédilection. La littérature – et le roman encore plus que la poésie – est fille du malaise. Sans aller jusqu'à dire que le bonheur se passe de l'écriture, il ne la nourrit pas longtemps. C'est un feu d'artifice. La souffrance, le chagrin, le dépit, toute la kyrielle des états négatifs sont, au contraire, des puits sans fond, des filons inépuisables où l'écriture romanesque s'alimente et se perd à la fois.

Gabrielle Roy
Alexandre Chenevert
1954, Boréal, coll. Boréal compact, 304 p.

Alexandre Chenevert est un petit employé de banque au physique disgracieux. Maladif et tourmenté, il mène une vie grise et solitaire. Alexandre n'arrive pas à réconcilier en lui le désir légitime de vivre pour lui-même et le désir d'être utile à son prochain. L'exode des Palestiniens ou la guerre froide entre les États-Unis et l'URSS le bouleversent au point de lui enlever le sommeil. Pendant les quelques jours qu'il passe au bord d'un lac dans un paysage enchanteur des Laurentides, Alexandre oublie les malheurs des autres pour être tout entier présent à sa propre vie. Le bonheur lui apparaît enfin possible. Mais la culpabilité reprend bientôt le dessus et Alexandre rentre à Montréal où il va mourir peu après. La question que pose ce roman est peut-être : est-il possible d'être heureux sans une certaine indifférence au malheur d'autrui ?

André GIROUX
Au-delà des visages
1948, Bibliothèque Québécoise, 112 p.

S'il fallait un texte pour illustrer à quel point nous sommes un être différent pour chaque personne que nous fréquentons, nous ne saurions en trouver de meilleur que le roman de Giroux. Jacques Langlet a tué une femme. Pourquoi ? Tout le monde se perd en conjectures sur ce qui a pu l'amener à commettre un tel crime. La femme de ménage, le bibliothécaire, le père, la mère, la serveuse, l'éditorialiste, les collègues : chacun a un point de vue différent sur la question, puisque chacun ne connaît qu'une facette de Langlet. Seul le lecteur, en combinant les différents regards (plus lourds de jugement que de compassion, il faut le dire), peut avoir une image globale de la personnalité de l'assassin. Mais au fil des pages, c'est aussi, c'est bien plus, une image impitoyable de la société québécoise de l'immédiate après-guerre qui se dessine, avec son hypocrisie, son pharisaïsme et sa lâcheté. On peut comprendre que, à cette société-là, certains ne pouvaient faire autrement que d'opposer un « refus global ».

Gilles ARCHAMBAULT
À voix basse
1983, Boréal Express, 157 p.

Marc sait qu'il n'en a plus pour longtemps. Il a tout juste la cinquantaine, mais après deux infarctus… Il continue à vivre, mais « à voix basse », à gestes mesurés, à petits pas. Il est bien fini le temps des voyages autour du monde, des réceptions et des liaisons faciles. Aujourd'hui, Marc n'est plus qu'un homme seul, qui gravit les marches avec précaution en surveillant les battements de son cœur. Il vit d'une vie ramenée à l'essentiel : un petit appartement, quelques biens indispensables. Il lui reste le temps d'un dernier amour. Le temps aussi de constater à quel point toute vie contient jusqu'à la fin son lot de contradictions non résolues et d'entreprises inachevées. Marc vit un jour à la fois, attendant la mort qu'il sait prochaine. Elle surgira dans sa vie d'une manière tellement inattendue et cruelle qu'il entrera en elle « sans l'avoir accueillie ». Impossible de ne pas éprouver un sentiment de fraternité pour le personnage de Marc. Rarement, dans le roman québécois, aura-t-on lu cette simple et universelle histoire de la vie qui s'en va racontée avec une telle économie de moyens et une telle vérité.

Jacques RENAUD
Le cassé
1964, Typo, 193 p.

Le personnage de Jacques Renaud est un cassé dans tous les sens de terme : « Pas une cenne dans les poches et pas une seule et sonnante Vérité à taper sur la gueule des gens. » Il n'est pas beau. Il est grossier. Il est violent. Il est jaloux. Il souffre. Il finit par commettre un crime d'une brutalité inouïe. En accomplissant sa vengeance, ce n'est pas seulement à un homme qu'il s'en prend, c'est à la vie, c'est à son destin. Jamais sans doute dans le roman québécois on n'était allé aussi loin dans l'utilisation de la langue orale. Jamais peut-être n'avait-on décrit un univers aussi totalement sans espoir. *Le cassé* explosa dans la littérature québécoise en même temps que les bombes du FLQ dans les boîtes aux lettres.

Jacques FERRON
Les confitures de coings
(nouvelle version de *La nuit*)
1972, l'Hexagone/Typo, 208 p.

Qui a perdu son âme peut-il espérer la retrouver ? François Ménard retrouvera la sienne à la faveur d'une plongée (qui n'est peut-être que rêvée) dans la nuit de Montréal. Un chauffeur de taxi italien, le « passeur », le transporte de la Rive sud à Montréal, « immense château bâti d'électricité, sans une pierre, tout de fluide ». Il y a rendez-vous avec le policier qui jadis lui déroba son âme. Mais c'est en ressoudant son passé et son présent, grâce à la rencontre d'une prostituée noire, qu'il en reprend possession. Quand il rentre, juste avant l'aube, l'employé de banque prospère qu'il est aux yeux de tous n'est plus le même. « Je vivrai désormais à l'abri du monde au centre de moi-même et de tout, plus présent à moi-même et à tout. » Tels sont les pouvoirs de la nuit. Quoi d'étonnant, puisque la nuit, c'est « la méditation du jour et le monde qui redevient sacré ».

Adrienne CHOQUETTE
Laure Clouet
1961, Bibliothèque Québécoise, 136 p.

À 44 ans, Marie-Laure Clouet mène une existence sans surprise dans sa belle maison de la Grande-Allée à Québec. Une lettre va l'amener à se demander pourquoi elle avait jusque-là « laissé stagner sa vie comme une eau morte ». Une jeune parente lui demande de l'héberger avec son mari pendant quelque temps. D'abord offusquée, elle finit par se rendre compte que, avec ce jeune couple, c'est l'amour et le bonheur qui pourraient entrer sous son toit. Laure sent qu'elle est à un carrefour et que, si elle le veut, sa vie peut changer. Tout en l'encourageant, une amie de sa mère défunte l'incitera à la prudence : « Tu as longtemps marché dans un désert. Te voici au bord d'une oasis. Ne bois pas trop vite à la source, elle te ferait plus de mal que le sable sec. » Publié au moment même où démarre la Révolution tranquille, ce livre n'est-il pas le symbole du Québec qui rompt avec le passé pour s'engager dans l'avenir ?

Françoise LORANGER
Mathieu
1948, Boréal, coll. Boréal compact, 400 p.

À 25 ans, Mathieu vit dans une solitude amère. Il entretient un douloureux discours intérieur, plein de colère et de ressentiment. Il ne s'aime pas. Il n'aime pas son travail (un emploi subalterne dans une banque). Il n'aime pas ses semblables («Vivre parmi les autres m'est un perpétuel tourment. ») et ne veut aimer personne, du moins le croit-il. Mais, au plus profond de lui, il y a un appel incessant vers l'amour et l'amitié. Mathieu vit retranché derrière ses lunettes noires pour se protéger d'un monde dont il se sent rejeté. « Pourquoi je souffre ? », dit-il. Faute d'avoir une réponse à cette question, il cherche à la noyer dans l'alcool. Un soir, son désespoir atteint un tel paroxysme qu'il passe à un cheveu de se suicider. Il s'enfuit alors dans les Laurentides où la vie au grand air et l'activité physique l'aident à trouver un équilibre. Graduellement, il cesse d'être divisé contre lui-même. Il se sait au début d'une longue transformation, au début seulement. Mais il a choisi la vie et le bonheur.

Neil Bissoondath
Retour à Casaquemada
1988 ; 1992, version française,
Phébus Libretto, 428 p.

Raj est un être solitaire et mélancolique, constamment en porte-à-faux avec la réalité. C'est aussi un pur, tout de suite heurté par le mensonge, la bêtise et la brutalité. Son aptitude au bonheur semble irrémédiablement limitée. Il n'empoigne pas la vie, il est empoigné par elle. Sa décision d'être médecin n'est pas venue du plus profond de lui. Sa paternité est un accident, que son mariage est venu légitimer. Raj descend d'une famille d'Indiens établis depuis plusieurs générations dans une petite île des Caraïbes. Tôt orphelin, il est élevé par ses grands-parents. Devenu médecin, établi à Toronto, père d'un enfant, il décide pourtant de retourner vivre à Casaquemada. Il y trouve une société gangrenée par les tensions raciales et la corruption. Sa femme ne s'adapte pas. Bientôt, l'insécurité est partout. La tragédie est inévitable. Raj quitte définitivement Casaquemada et rentre à Toronto : « Comme mes ancêtres je fais route vers l'avenir, je fais route vers un ailleurs où le défi sera pour moi de bâtir quelque chose à partir de rien, loin de la brutalité ordinaire des choses qui s'écroulent, loin des ruines de l'échec, à des milliers de kilomètres d'océan. »

Rachel LECLERC
Ruelle Océan
2001, Boréal, 168 p.

Une fille et son père vivent dans un quartier populaire de Montréal. Lui, mène une existence de marginal ; elle, est infirmière dans une clinique où affluent
des individus qui sont, à son image, le « résultat d'un
gâchis ». Pour soigner son mal-être, elle entreprend
une analyse. Le souvenir de la mort de sa mère refait
surface et se mêle à celui de l'été de ses 17 ans. Depuis
peu, elle était revenue vivre avec son père à la campagne, après une enfance et une adolescence passées dans
des familles d'accueil et des pensionnats. Cet été-là, elle
fait la rencontre d'un jeune vagabond. Ils s'aiment dans
la grange, sur les banquettes de la vieille voiture où,
petite fille, elle avait trouvé sa mère morte. Elle n'a
jamais su que le père connaissait cet amour secret. Et
maintenant il ne lui dira pas davantage qu'il a découvert que le garçon circule dans le quartier. Le beau
garçon à la peau sombre qu'elle a aimé si brièvement
mais si intensément l'été de ses 17 ans l'a reconnue et
l'observe à distance. Il la voit, elle est là « comme une
apparition », « sombre ou lumineuse dans sa beauté ».
Il la photographie, « quand elle s'arrête un instant dans
la lumière, fine et vigoureuse, et qu'elle secoue ses
cheveux comme ça, distraitement, sans savoir qu'[il] la
regarde ».

Flora Balzano
Soigne ta chute
1992, XYZ, coll. Romanichels poche, 119 p.

« [...] c'est quand je dors que je fais le moins de
cauchemars. » « De toute façon, qui a envie de se ré-
veiller ? » C'est par des phrases comme celles-là qu'on
peut se rendre compte que Flora Balzano a écrit un
roman qui est au diapason de l'humeur noire de tout
un pan de la jeunesse actuelle. Le désespoir semble être
l'état normal de ses personnages. Ce qui ne les empêche
pas d'avoir de l'humour, au contraire. Ils vivent un peu
comme on fait du trapèze : en épousant le vide. Mais
sans filet de sécurité. Tomber ? Se casser la gueule définitivement ? Quelle importance, quand on se « languit
déjà de la terre » ? Alors, il ne reste qu'à soigner sa
chute.

LE MÊME THÈME EST AUSSI PRÉSENT DANS :

BRAULT, Jacques, *Agonie*

DELISLE, Michael, *Le désarroi du matelot*

GOBEIL, Pierre, *La mort de Marlon Brando*

LALONDE, Robert, *L'ogre de Grand Remous*

GODBOUT, Jacques, *Salut Galarneau !*

GAUTHIER, Louis, *Voyage au Portugal avec un Allemand*

17. VOYAGE

On ne voyage pas impunément. La littérature nous l'a montré depuis Ulysse et *L'odyssée*. Dans toutes les littératures et à toutes les époques, le voyage est souvent présenté comme une expérience qui revêt un caractère initiatique. Il peut être l'occasion d'épreuves à travers lesquelles le héros se transforme et accède à des formes nouvelles de conscience.

Guillaume VIGNEAULT
Chercher le vent
2001, Boréal, coll. Boréal compact, 276 p.

Ce qui devait être une agréable ballade en avion avec sa petite amie s'est terminé par un crash. À partir de là, la vie de Jacques Dubois, pilote de brousse, photographe et ancien surfeur, s'est arrêtée. Le pilote de brousse est cloué au sol. L'ancien surfeur se sent comme « un cachalot échoué ». Le photographe est paralysé par « un coma du cœur, les yeux ouverts ». Le voyant sombrer de plus en plus, son ami Tristan l'entraîne dans une virée sans but précis aux États-Unis en compagnie de Nuna, rencontrée par hasard. Première halte en Nouvelle-Angleterre. Très vite le trio se défait. Jacques reprend la route. Seul. Mais Nuna a laissé une marque en lui. Floride. Louisiane. Au fil des rencontres et des expériences, le grand blessé du cœur prend du mieux. C'est un tendre et c'est peut-être la tendresse qui le sauve. Le cachalot reprend la mer, le coma se dissipe et le goût de faire des photos revient. Il retrouve Nuna à New York. Et c'est l'évidence, la surprise de l'amour à nouveau (« et si l'amour était une balle perdue ? »). Pour Jacques Dubois, c'est un nouveau décollage et la portance retrouvée. « L'étoile Polaire, la Croix du Sud, Nuna, ça se valait bien. Chacun son ciel, l'important est de chercher le vent. »

Gabrielle ROY
De quoi t'ennuies-tu, Éveline ?
1982, Boréal, coll. Boréal compact, 124 p.

Appelée au chevet de son frère « à la veille du grand départ », Éveline, malgré ses 73 ans, entreprend le voyage en autobus du Manitoba à la Californie. En route, les histoires qu'elle raconte en toute simplicité lui gagnent tout de suite la sympathie de ses compagnons de voyage. Ainsi, elle découvre que les récits relient les humains et les rassemblent en une chaîne fraternelle autour de leur expérience commune. Quand elle arrive en Californie, c'est pour apprendre que son frère est mort. Mais elle est accueillie à bras ouverts par sa nombreuse famille, une « famille variée, étrange comme l'humanité elle-même ». Éveline est comblée. Pourtant, un cadeau l'attend encore qui sera comme le couronnement de ce voyage : la rencontre avec l'océan, qu'elle n'avait jamais vu.

Antonine MAILLET
Pélagie-la-charrette
1979, Bibliothèque Québécoise, 336 p.

Elle porte bien son nom, Pélagie. Pendant près de dix ans, à force de courage et de « uhau ! » adressés à ses bœufs, elle fait avancer sa charrette à travers les forêts et les marais des États-Unis. Elle y a entassé des femmes, des enfants et des vieillards qui, comme elle, furent jetés sur les côtes américaines au moment de la Déportation des Acadiens. Pélagie a juré de ramener les débris de son peuple au bercail. Elle le fera. Même si une autre charrette, celle de la Mort, la suit de près, la rejoint parfois et repart avec une vieille ou un enfant. Mais la charrette de la vie sera la plus forte. L'odyssée des déportés aura une fin.

Claude JASMIN
Pleure pas, Germaine
1965, L'Hexagone/Typo, 208 p.

Si Germaine pleure, c'est qu'elle a une bonne raison : sa fille Rolande est morte dans des circonstances tragiques. Gilles, son mari, ne peut la consoler. Lui non plus ne peut oublier : il a même formé le projet de se venger. Ce sera le but caché du voyage qu'il entreprend avec sa famille en Gaspésie, pays natal de Germaine. Gilles raconte cette expédition dans une vieille voiture asthmatique avec ses mots à lui, ses mots de gars pas instruit, de travailleur d'usine. En réalité c'est un tendre : il fond devant le spectacle de ses enfants en train de s'ébattre sur la plage et ne se fatigue pas de caresser sa Germaine. Plus le voyage avance, plus Gilles sent son désir de vengeance s'atténuer et le projet d'une nouvelle vie prendre le dessus. L'histoire aura son épilogue devant un feu de la Saint-Jean sur la grève de Percé.

Jacques POULIN
Volkswagen blues
1984, Actes Sud, coll. Babel, 323 p.

Ils sont trois. Un écrivain en panne d'écriture du nom de Jack. Une métisse à la recherche de son identité surnommée la Grande Sauterelle. Un minibus Volkswagen fatigué, mais encore plein de vaillance. Nous les suivons dans un voyage qui les mène de Gaspé à San Francisco. Une traversée de l'Amérique qui a pour but de retrouver le frère de Jack. Mais cette quête en cache une autre plus essentielle. Comme les pionniers dont ils suivent les traces dans la plaine américaine, Jack et la Grande Sauterelle ne sont-ils pas d'abord à la recherche du bonheur ? Ne sont-ils pas à la recherche d'eux-mêmes et d'un remède à leur vague à l'âme ? Un roman à l'accent mélancolique comme un air de blues.

Louis GAUTHIER
Voyage au Portugal avec un Allemand
2002, Fides, 180 p.

Le narrateur dit des choses simples mais très difficiles à dire, très courageuses en somme, comme « je suis seul », « je ne sais pas vivre », « a-t-on vraiment besoin d'un cœur pour vivre ? », « je n'en peux plus d'être moi », « que sommes-nous venus faire sur la terre ? ». Le voyage, surtout le voyage en solitaire, semble propice au questionnement métaphysique. Le narrateur en est bien conscient quand il affirme : « je ne suis pas en voyage à Lisbonne, je suis en voyage dans une région tourmentée de mon âme. » Et cet Allemand, cet énigmatique M. Frantz auquel il voudrait s'accrocher comme à une planche de salut, ne lui est pas d'un grand secours. C'est lui-même un être sans attaches, revenu de tout, qui a laissé travail, femme, maison et qui n'aspire plus qu'à devenir balayeur ou artisan. Et comme si ce n'était pas tout, la Chose (c'est-à-dire l'angoisse) est là, tapie dans l'ombre, qui guette et menace toujours de lui sauter dessus. Le chétif narrateur n'en mène pas large. Pourtant, il décide de poursuivre son voyage vers l'Inde, emportant avec lui ses questions auxquelles il n'y a peut-être pas plus de réponse qu'à ce koan zen énoncé par M. Frantz : « quand le verre se brise, que devient l'espace qu'il contient ? »

LE MÊME THÈME EST AUSSI PRÉSENT DANS :

BUSSIÈRES, Paul, *Mais qui va donc consoler Mingo ?*

ROY, Gabrielle, *La montagne secrète*

GRANDBOIS, Alain, *Né à Québec*

INDEX DES AUTEURS

INDEX DES TITRES

INDEX DES RÉGIONS

me dit quqndi!se
je l'ai!

INDEX CHRONOLOGIQUE

1951 :   R. Viau, *Au milieu, la montagne*
1953 :   A. Langevin, *Poussière sur la ville*
1954 :   G. Roy, *Alexandre Chenevert*
1958 :   R. Choquette, *Élise Velder*
1959 :   M. Richler, *Duddy Kravitz*
1960 :   Y. Thériault, *Ashini*
1960 :   C. Jasmin, *La corde au cou*

1961-1980
1961 :   A. Choquette, *Laure Clouet*
1961 :   G. Roy, *La montagne secrète*
1964 :   A. Major, *Le cabochon*
1964 :   J. Renaud, *Le cassé*
1965 :   Y. Thériault, *Aaron*
1965 :   C. Jasmin, *Pleure pas, Germaine*
1965 :   H. Aquin, *Prochain épisode*
1965 :   A. Maillet, *Les remparts de Québec*
1965 :   M.-C. Blais, *Une saison dans la vie d'Emmanuel*
1966 :   R. Ducharme, *L'avalée des avalés*
1967 :   J. Godbout, *Salut Galarneau !*
1968 :   R. Carrier, *La guerre, yes sir !*
1968 :   G. Bessette, *Le libraire*
1969 :   J. Poulin, *Jimmy*
1970 :   J. Ferron, *L'amélanchier*
1970 :   A. Hébert, *Kamouraska*
1970 :   C. Martin, *Les morts*
1972 :   J. Ferron, *Le Saint-Élias*
1972 :   J. Ferron, *Les confitures de coings*
1973 :   A. Charney, *Dobryd*
1975 :   A. Hébert, *Les enfants du sabbat*
1977 :   L. Caron, *L'emmitouflé*
1978 :   M. Tremblay, *La grosse femme d'à côté est enceinte*
1979 :   A. Maillet, *Pélagie-la-charrette*
1980 :   M. Tremblay, *Thérèse et Pierrette à l'école des Saints-Anges*

1981-2000

1981 : L. Caron, *Le canard de bois*
1981 : Y. Beauchemin, *Le matou*
1981 : J. Godbout, *Les têtes à Papineau*
1982 : G. Roy, *De quoi t'ennuies-tu, Éveline ?*
1982 : R. Lalonde, *Le dernier été des Indiens*
1982 : A. Hébert, *Les fous de Bassan*
1983 : G. Archambault, *À voix basse*
1983 : É. Ollivier, *Mère-solitude*
1983 : R. Robin, *La Québécoite*
1984 : M. Ouellette-Michalska, *La maison Trestler ou le huitième jour d'Amérique*
1984 : J. Poulin, *Volkswagen blues*
1985 : J. Brault, *Agonie*
1986 : S. Trudel, *Le souffle de l'harmattan*
1988 : N. Audet, *L'ombre de l'épervier*
1988 : N. Bissoondath, *Retour à Casaquemada*
1988 : J. Savoie, *Une histoire de cœur*
1988 : C. Mistral, *Vamp*
1989 : J. Folch-Ribas, *La chair de pierre*
1989 : M. LaRue, *Copies conformes*
1989 : P. Gobeil, *La mort de Marlon Brando*
1989 : J. Poulin, *Le vieux Chagrin*
1990 : L. Caron, *Le coup de poing*
1991 : É. Turcotte, *Le bruit des choses vivantes*
1992 : L. Lefebvre, *Guanahani*
1992 : P. Bussières, *Mais qui va donc consoler Mingo ?*
1992 : C. Brouillet, *Marie LaFlamme*
1992 : R. Lalonde, *L'ogre de Grand Remous*
1992 : F. Balzano, *Soigne ta chute*
1993 : Y. Chen, *Les lettres chinoises*
1993 : T. Ferguson, *La vie aventureuse d'un drôle de moineau*
1997 : S. Kokis, *L'art du maquillage*
1997 : S. Lamy, *La convention*
1997 : P. Samson, *Un garçon de compagnie*

1998 :   M. Delisle, *Le désarroi du matelot*
1998 :   M. Désautels, *Smiley*
1999 :   J. Moore, *Captif, de roses enchaîné*
2000 :   P. Ohl, *Les chaînes de Gorée, Black*
2000 :   G. Soucy, *La petite fille qui aimait trop les allumettes*

2001-
2001 :   G. Vigneault, *Chercher le vent*
2001 :   R. Leclerc, *Ruelle Océan*
2002 :   L. Gauthier, *Voyage au Portugal avec un Allemand*

POUR EN SAVOIR PLUS

DES DICTIONNAIRES

Dictionnaire des auteurs de langue française en Amérique du Nord, Fides, 1989.

Dictionnaire des écrivains québécois contemporains, Québec/Amérique, 1983.

Dictionnaire des œuvres littéraires du Québec, (des origines à 1980), Fides, 6 t., 1978-1994.

Dictionnaire pratique des auteurs québécois, Fides, 1976.

Écrivains contemporains du Québec depuis 1950, Seghers, 1989.

Romanciers immigrés : biographies et œuvres publiées au Québec entre 1970-1990, Institut québécois de recherche sur la culture, 1993.

DES ÉTUDES

ARGUIN, Maurice, *Le roman québécois de 1944 à 1965,* l'Hexagone, 1989. (Coll. CRELIQ.)

BEAUDOIN, Réjean, *Le roman québécois,* Boréal, 1991.

COLLECTIF sous la direction de Réginald HAMEL, *Panorama de la littérature québécoise contemporaine,* Guérin, 1997.

COPPENS, Patrick, *Littérature québécoise contemporaine,* Centrale des bibliothèques, 1982.

DE GRANDPRÉ, Pierre, *Histoire de la littérature française du Québec,* Fides, 4 t., 1967-1969.

DESMEULES, Georges, et Christiane LAHAIE, *Les classiques québécois,* L'instant même, 1997.

GALLAYS, François, Sylvain SIMARD et Robert VIGNEAULT (sous la direction de), *Le roman contemporain au Québec, 1960-1985*, Archives des lettres canadiennes, t. VIII, Fides, 1992.

GAUVIN, Lise, et Franca MARCATO-FALZONI, *L'âge de la prose. Roman et récits québécois des années 80*, Bulzoni Editore-VLB Éditeur, 1992.

HAMBLET, Edwin, *La littérature canadienne francophone*, Hatier, 1987.

KWATERKO, Józef, *Le roman québécois de 1960 à 1975*, Le Préambule, 1989.

MAILHOT, Laurent, *La littérature québécoise depuis ses origines*, Typo, 1997.

DES PÉRIODIQUES
(SPÉCIALISÉS DANS L'ACTUALITÉ LITTÉRAIRE)

Lettres québécoises
Nuit blanche
Québec français

TABLE DES MATIÈRES

Diffusion pour le Canada : Gallimard ltée
3700A, boulevard Saint-Laurent, Montréal (Qc), H2X 2V4
Téléphone : (514) 499-0072 Télécopieur : (514) 499-0851
Distribution : SOCADIS

Éditions Nota bene
1230, boul. René-Lévesque Ouest
Québec (Qc), G1S 1W2
mél : nbe@videotron.ca
site : http://www.notabene.ca

ACHEVÉ D'IMPRIMER
CHEZ AGMV
MARQUIS
IMPRIMEUR INC.
CAP-SAINT-IGNACE (QUÉBEC)
EN OCTOBRE 2004
POUR LE COMPTE DES ÉDITIONS NOTA BENE

Dépôt légal, 4e trimestre 2004
Bibliothèque nationale du Québec